PLAN
von Detmold und Umgebung.

Erläuterungen:

1.	Rathhaus	7.	Hôtel Stadt Frankfurt
2.	Reform. Kirche	8.	" Lippischer Hof
3.	Luth. "	9.	" Deutsches Haus
4.	Kath. "	10.	" Teutoburger Hof
5.	Landgericht	11.	" Preußischer "
6.	Spar-u. Leihe-Kasse	12.	" Odeon.

Detmold

Anno dazumal

Detmold
Anno dazumal

Zusammengestellt und bearbeitet

von

Fritz Verdenhalven

unter Mitwirkung von Barbara Verdenhalven

1979

Verlag F. L. Wagener · Lemgo

Die Bilder auf dem Umschlag zeigen:

Vorderseite
Fürstliches Hoftheater (abgebrannt 1912)
Marktplatz
Blick vom Schloßplatz auf die Lange Straße
Alte lutherische Kirche, Schülerstraße (abgebrochen 1896)
Ernst, Graf-Regent zur Lippe 1897–1904
Wappen: (oben) Fürstentum Lippe
(unten) Stadt Detmold

Rückseite
Lippisches Lehrerseminar (heute: Grabbe-Gymnasium)
Bahnhofsgebäude
Christus-Kirche am Kaiser-Wilhelm-Platz

CIP-Kurztitelaufnahme der Deutschen Bibliothek

Detmold Anno dazumal / zsgest. u. bearb. von Fritz Verdenhalven
unter Mitw. von Barbara Verdenhalven. –
Lemgo: Wagener, 1979.
ISBN 3-921428-29-7
NE: Verdenhalven, Fritz [Hrsg.]

Umschlaggestaltung unter Verwendung von Lithographien
Ludwig Menkes um 1860 (Lipp. Landesmuseum, Detmold)
und von Postkarten der Jahrhundertwende: Fritz Steinheider, Lemgo
Karte auf dem Vorsatzpapier:
Druckerei des Detmolder Adreßbuches von 1891 (Gustav Heynke)
Layout, Satz und Druck: F. L. Wagener, Lemgo
Lithographien: Wohlfeld & Wirtz, Duisburg
Buchbinderei: Klemme & Bleimund, Bielefeld
ISBN 3-921428-29-7

Inhaltsverzeichnis

Lippe-Detmold, eine wunderschöne Stadt.

Und als er in die große Stadt 'rein kam,
Wohl vor das große Haus, :,:
:,: Ei, da schaut der General zum Fenster 'raus :,:
:,: Mein Sohn, bist du's schon da? :,:

Geh' du aus gleich zu deinem Feldwebel hin
Und zieh den Blaurock an; :,:
:,: Denn du mußt marschieren in den Krieg :,:
:,: Wo's die Kanonen stehn. :,:

Und als er in die große Schlacht 'rein kam,
Da fiel der erste Schuß. :,:
:,: Ei, da liegt er schon und schreit zu sehr :,:
:,: Weil er geschossen ist. :,:

Ach Kamerad, liebster, bester Kamerad mein,
Schreibe du's einen Brief an ihr, :,:
:,: Schreibe du's einen Brief an meinen Schatz, :,:
:,: Daß ich geschossen bin. :,:

Kaum hat er diese Worte ausgesagt,
Da fiel der zweite Schuß. :,:
:,: Ei, da liegt er nun und schreit nicht mehr :,:
Seine Seele ist bei Gott,
Der ihn erschaffen hat.

Druck und Verlag von Gustav Hennke, Detmold

Preis 20 Pfg.

Vorwort

„Armer Künstler hat es sauer,
Doch Erfolg kommt allgemach!
Zeigt sich nur erst ein Beschauer,
Folgen wohl die andern nach."

Wilhelm Busch

Alte Gemälde pflegt man, schmückt mit ihnen die Zimmerwände und zeigt sie gern dem Besucher. Alte Photographien verstaut man in Kästen und schafft sie in die äußerste Bodenecke, um sie eines Tages in den Müllkasten zu werfen. Daß sie Dokumente sind, oft die einzigen, die mit dem unbestechlichen Blick der Photolinse von ihrer Zeit erzählen, nur wenige kümmert's. Heute, da Unmengen von Filmen „verknipst" werden (um dereinst denselben Weg zu gehen), wird selten begriffen, daß jene vor 60 bis 130 Jahren entstandenen Bilder von der Kulturgeschichte erzählen, ebenso wie von den kleinen und großen Ereignissen in einem Gemeinwesen.

Ich fand es reizvoll, historische Lichtbilder in einer Sammlung für die Stadt Detmold dem interessierten Mitbürger zugänglich zu machen und damit den Wünschen des Verlages entgegenzukommen. Das aber wäre unmöglich gewesen, wenn nicht die hiesigen Dienststellen „Nordrhein-Westfälisches Staatsarchiv", „Lippische Landesbibliothek" und „Institut für Lippische Landeskunde" ihre Bestände zugänglich gemacht hätten. Ihnen hat der Bearbeiter in erster Linie zu danken. Mit einiger Mühe gelang es außerdem, aus privatem, verständnisvoll bewahrtem Besitz Material zu erlangen, das einer breiten Öffentlichkeit so gut wie unbekannt sein dürfte. Sehr hilfreich bei der Suche waren mir Frau E. Diekmann und die Herren H. Römer und K. Vorwerk, denen ebenso herzlich zu danken ist wie denen, die Bilder und alte Drucke zur Verfügung stellten: Detmolder Turnverein von 1860, die Damen A. Winkelsesser, M. Klingenberg, M. Brodthage und die Herren L. Köller, G. Bachler, H. Wewer.

So sollen in dieser Sammlung, die keine „Stadtgeschichte" sein kann, in erster Linie die Bilder und Textreproduktionen sprechen. Sie mögen einen Zeitraum lebendig werden lassen, an den sich ältere Mitbürger vielleicht noch erinnern, von dem ihre Eltern oder Großeltern aber sicher erzählt haben. Abseits trockener Wissenschaftlichkeit wollen wir ein Stück aus Detmolds Vergangenheit vorstellen und damit den Betrachter zur Besinnlichkeit über eine Zeit anregen, die zwar gern als „gut" apostrophiert wird, in Wirklichkeit aber auch viele Schatten aufwies.

Zur Auflockerung der Bilder sind ihnen Textauszüge untergeordnet, verfaßt von Personen jener Zeit, entweder als Gegenwartsdarstellungen oder aus eigener Erinnerung. Sie dürften ein genaueres Bild vermitteln als Darstellungen aus heutiger Sicht.

Das alte Detmold! Es besteht nicht mehr, auch wenn die alten Straßenzüge noch (fast) die gleichen sind. War es doch vordem nicht mehr als eine Ansammlung von Häusern um die kleine Schloßanlage eines Duodez-Fürsten. Mit der einstigen Bedeutung Lemgos oder Salzuflens war es sicher nicht zu vergleichen. In Detmold drehte sich das Leben ausschließlich um die sechs Pfeiler „Hof", „Militär", „Beamte", „Kirche", „Theater/Konzerte" und „Ressource" (bzw. Bierlokale für die niederen Stände): sechs Säulen, die uns der Vorbau des Landestheaters heute noch so sinnvoll in Stein errichtet vor Augen führt. Wirtschaftlich so gut wie bedeutungslos, hatte die Stadt sich bis um 1870 von einer Ackerbürger- zur kleinen Garnison- und Beamtenstadt entwickelt. Der Aufbruch in die neue Zeit begann erst in den letzten drei Jahrzehnten des 19. Jahrhunderts. Die alten ehrbaren Detmolder Familien lebten und leben gern in „ihrer" Residenz. Bei ihnen ist der Sinn für eine gesunde Tradition noch vielfach verankert, trotz Eskapaden einiger, die seit anderthalb Jahrhunderten das Weichbild der Stadt veränderten, nicht immer zu deren Vorteil. Gibt es doch im Gegensatz zu anderen lippischen Städten im Stadtkern seit langem nur noch wenige historisch bedeutsame Bauwerke im ursprünglichen Zustand.

Städtisches Leben ist zu allen Zeiten vielfältig gewesen. So wird in diesem Buch vieles aus Raumgründen ungenügend berücksichtigt sein, wie z. B. die Aktivitäten der Vereine, von denen um 1900 schon etwa 80 hier existierten. Schon der Mangel an Ereignisbildern aus diesen Kreisen verbietet es. So muß das, was für einen größeren Kreis bemerkenswert war, hier stellvertretend für anderes sprechen. Anderes bleibt unberücksichtigt, so z. B. das turbulente Leben während der Einweihungstage für das Hermannsdenkmal im August 1875, worüber übrigens besondere Veröffentlichungen vorliegen. Doch manches, hier und da verstreut veröffentlicht oder bisher noch ungedruckt, gab reichlich Stoff, die kleine Welt eines „Detmold Anno dazumal" mit ihrem Licht und ihren Schattenseiten zu einem anschaubaren Dasein zu erwecken.

Alte Detmolder werden sich seiner noch erinnern: Oberlehrer Friedrich Richter, der schon Anfang dieses Jahrhunderts in Detmold wirkte und über viele Jahrzehnte sich um die Geschichte und die kulturelle Vergangenheit dieser Stadt gekümmert hat. Seiner Eigenschaft als Stadt-Archivar ist es zu verdanken, daß viele alte Fotos erhalten sind. Eine Straße im Nordosten Detmolds wurde nach ihm benannt und soll die Erinnerung an diesen Mitbürger wachhalten. Ohne seine Arbeit wäre heute vieles vergessen.

Haus des späteren Detmolder Hofes,
erbaut um 1575, Aufnahme 186
EXTERNSTR
LANGESTRASSE

Detmold um 1800

Detmold[1]. Darin ist eine reformierte und eine lutherische Kirche. Erstere ist zugleich Hof-, Stadt- und Kirchspielskirche für die Vogtei Detmold . . . Die hiesige Provinzialschule entstand aus einem 1575 eingezogenen Augustiner-Nonnenkloster und erhielt ihre völlige Einrichtung im Jahr 1606 unter Graf Simon VI., . . . Außer dieser Provinzialschule befinden sich noch zwei andere Schulen für Mädchen in Detmold. Die eine wird von dem Küster der reformierten Kirche, die andere von einem dazu bestellten Frauenzimmer gehalten. Diese letztere ist erst vor wenigen Jahren unter höchster Genehmigung vom hochgräflichen Konsistorium veranstaltet worden und vorzüglich für die Töchter des höheren Standes bestimmt, welche darin außer dem gewöhnlichen auch Unterricht in der französischen Sprache und in weiblichen Arbeiten empfangen. Das Waisenhaus hat seinen ersten Ursprung von einem . . . Armenhaus zum Heiligen Geist . . .

Außer dem herrschaftlichen Residenzschloß, dem Waisenhaus und Zuchthaus, den Kirchen und übrigen eximierten Gebäuden werden in der Altstadt 269 und in der Neustadt außer der Friedamadolphsburg (= Palais) 18 gemeine Häuser gezählt. Detmold hat im Jahr 1788 incl. der Neustadt 2 142 Einwohner.

Detmold ist die Residenz[2]. Von der Schönheit der Häuser, Straßen, Bauart usw. läßt sich nicht viel Merkwürdiges sagen . . . Die Natur mit Kunst gepaart hat einen an diese Stadt grenzenden Berg zu sehr angenehmen Spaziergängen geschaffen, welche durch die Werre (richtig wohl: Berlebekke), die man durch Schleusen aufgestauet hat, noch verschönert worden. Wenn Hofhaltung hier war, wurden seit 10 oder 12 Jahren öffentliche Konzerte und Bälle bei Hofe gegeben, und auch von einer Gesellschaft von Privatmännern Komödien aufgeführt, wozu vom verstorbenen Grafen Simon August ein recht artiges Schauspielhaus im herrschaftlichen Lustgarten erbauet worden ist. Clubs und geschlossene Gesellschaften vergrößern das gesellige Vergnügen der hiesigen Einwohner sehr. Der Ton unter den höheren Ständen ist angenehm, interessant und frei. In der mittleren Klasse artet er in wahre Frechheit aus, und einem Fremden muß es sehr auffallend sein, wenn er in gewissen Gasthöfen von Männern, die in Ämtern und Würden stehen, selbst bei Tische die häßlichsten Zoten und Absurditäten sprechen hört. – Handlung und Industrie existiert in Detmold nicht.

„. . . Detmold[3] hat sich seit Deiner Abwesenheit in so manchen Dingen umgestaltet und verändert, daß Du es, so wie uns (!) selber, wohl kaum würdest wiedererkennen. Sehr viele Familien sind aus der Fremde hierher gezogen, die hier jetzt ganz einheimisch sind; die Stadt ist durch eine ganze Straße, die Leopoldstraße genannt, vergrößert, in der die Militärkaserne und das Gymnasium die Hauptgebäude sind: außerdem sind noch viele neue Häuser, auch ein neues Schulhaus, erbaut. An der Seite des Kuhkampes, nach dem Falkenkruge zu, der jetzt auch durch einen sehr guten Felsenkeller gewonnen hat, ist eine Schwimmanstalt eingerichtet, die auch wir im Sommer besuchen. Die Aufsicht darüber führt Steineke, der hier als Turn-, Tanz-, Fecht- und Schwimmlehrer angestellt ist. Nur das Schloß ist seinem Äußeren nach dasselbe geblieben, sowie auch der Wall; den Schloßplatz besorgt der Gärtner Ludolph, der denselben gleichfalls ganz umgewandelt hat: die Tulpenbäume, die an die Stelle der alten Kastanienbäume gekommen sind, sind schon recht groß und blühen jeden Sommer aufs Schönste. Die offene Reitbahn ist fort. Dagegen ist dem Marstall gegenüber eine Fontäne angebracht . . .“

1 Clostermeier, Chr. G., Entwurf einer hist.-geogr. Beschreibung des Lippischen Landes, in: Lippische Landesbeschreibung von 1786, bearb. v. H. Stöwer, 1973, S. 126 (= Lipp. Geschichtsquellen, Bd. 5).

2 Aus: Kameralistische und historische Beiträge zur Beschreibung des Lippischen Landes, in: Neues Westphälisches Magazin zur Geographie, Historie und Statistik 3, 1792, S. 23 ff.

3 Aus einem Brief des Erbprinzen Paul Friedrich Leopold (später Leopold III.) an seinen Onkel, Prinz Friedrich zur Lippe, vom 31. 3. 1839. – Nordrh.-Westf. Staatsarchiv Detmold – L 77 B Fach 26 Nr. 3.

Die Revolution von 1848 in Detmold[1]

. . . In Detmold und auch außerhalb gärte es noch fortdauernd weiter. Wie in Frankfurt hatten wir in Detmold auch eine kleine Pauluskirche, die lutherische Kirche in der Schülerstraße (1896 abgerissen), welche für Landtagssitzungen benutzt wurde. Dieser Landtag war ebenso gemischt wie der Reichstag in Frankfurt a. M. Die Rechte wurde von Mitgliedern der besseren Stände gebildet, die Linke bestand aber mehrenteils aus Leuten, welche ohne Rücksicht auf passende Bildung bloß gewählt waren, weil sie sich zur Partei der Demokraten bekannten. Sie waren vollständig in den Händen ihrer Parteiführer und wurden von ihnen am Rock gezupft oder bekamen sonst ein Zeichen, wenn sie „Ja“ sagen sollten. Einer dieser Leute, der Bauer Stackmann, erschien, als die Landtagsmitglieder vom Fürsten eingeladen waren, mit Gamaschen im Schlosse, tat sich bei der Tafel auch gar keinen Zwang an und warf gewohnterweise die Knochen unter den Tisch . . .

Auf dem Rathause wurden auch fortwährend Versammlungen abgehalten. Man konnte sich noch immer nicht über den Erlaß des Fürsten beruhigen und wollte immer mehr. Wenn an den Versammlungen Magistratsmitglieder, Stadtverordnete oder höhere Beamte teilnahmen, um das Volk zu beruhigen, dann wurden sie nicht beachtet. Einmal wurde sogar damit gedroht, sie aus dem Fenster zu werfen. Nächst Vette und sonstigen demokratischen Rednern (Schuhmacher Hilker, Kaufmann H. L. Meier, Goldarbeiter Hüpeden und Messerschmied Fiedler) führten Vertreter der Juden wie Spanjer-Herford und Fromme das Wort. Damals erfolgte die Gleichstellung der jüdischen Mitbewohner . . .

In dieser Zeit entstand vor der Wohnung des Kanzlei- und Geh. Justizrates Ernst (Langestraße 14) ein gewaltiger Krawall, weil die Frau Ernst (nach Aussagen eines wegen ihres Lebenswandels entlassenen Hausmädchens) gesagt haben sollte, „die Fußbänke wollten regieren“ und es sei Zeit, daß die alten Zustände wieder hergestellt würden. Es versammelte sich eine große Menschenmenge vor dem Hornschen Tore, tobte und schimpfte gegen die Frau, obgleich diese beteuerte, den Ausspruch nicht getan zu haben, und warf ihr schließlich die Fenster ein. Der Metzger Meier sagte in seiner Rohheit, er habe schon so mancher Ziege den Hals abgeschnitten, es solle ihm auch hier nicht darauf ankommen. Schließlich begab sich der Oberbürgermeister Meyer zwischen die Menge, um Ruhe zu stiften. Er wurde indes nicht gehört, sondern verhöhnt. Als es endlich dem Rechtsanwalt Vette, der die Sache protegiert hatte, zu arg wurde, nahm er das Wort, trat im Ernst'schen Hause an ein Fenster und beruhigte das Volk, indem er versprach, die Angelegenheit untersuchen zu lassen . . .

1 Aus: Lippische Tages-Zeitung, 1922, Nr. 240/241, vom 13./14. 10. 1922.

Detmold. Am 18 d. M. ist hieselbst an mehreren Ecken eine Pasquille angeklebt gefunden worden, worin gesagt wird, daß ich mich während meiner Anwesenheit in Hannover unehrenhaft betragen hätte. Den Urheber dieser schändlichen Verläumdung kenne ich wohl, er gehört zu dem niedrigsten Ausschuß dieser Stadt, er ist als Eheschänder öffentlich bekannt und das neue Zuchthaus, in dessen Nachbarschaft der saubere Patron schon wohnt, wird gewiß noch diesem Ausbunde zum wohlverdienten Aufenthalte dienen. Ich würde diesen, den schlechtesten aller Schurken, öffentlich nennen, wenn ich rechtlich beweisen könnte, was mir durch Zufall zur Gewißheit geworden ist. Wenn aber jener Nichtswürdige seine in jenem Pasquill ausgesprochene Behauptung wahr zu machen im Stande ist, warum tritt er nicht öffentlich auf, warum wählt er einen Weg, der jedem von vorn herein die Unwahrheit des Behaupteten klarstellt.

Der vielen begangenen Schlechtigkeiten wegen kann der hier in Frage Stehende Niemanden mehr grade ins Gesicht sehen, wer ihn ansieht, der wird ihm die Niederträchtigkeit von der Stirne lesen.

Witwe Schmidt Kespohl.

Aus: Die Wage. Zeitschr. zur Besprechung der Angelegenheiten des Volkes, Lemgo 1848, S. 188 (obiges geschehen im Juli).

Das Jahr 1848 in Detmold

Malvida von Meysenbug[1] erinnert sich:
Die große Bewegung hatte doch auch ein schwaches Zucken in unserer kleinen, abgelegenen Residenz verursacht. Revolutionäre Szenen hatten vor unserer Ankunft stattgefunden. Man hatte sich vor dem alten Schloß, in dem wir einst die Marseillaise gesungen hatten, versammelt, um die Zusammenrufung der Kammer zu fordern, . . . Der Fürst hatte natürlich nachgeben müssen, da die zwei Kanonen, die das Arsenal ausmachten, einer abschlägigen Antwort wohl keinen Nachdruck hätten geben können . . .

Einige der höheren Angestellten, gegen welche sich der Zorn des Volkes mit Fenstereinschlagen, Auspfeifen in den Straßen und andern mehr geräuschvollen als gefährlichen Demonstrationen kundgegeben hatte, gingen mit niedergeschlagenen Augen, mit eingeschüchtertem und gedemütigtem Aussehen einher, während sie früher durch eine gewisse Arroganz und durch Vornehmtun gegen Geringere bekannt gewesen waren. Ein junger Mann, den man früher als bekannten Demokraten gemieden hatte [der Detmolder Advokat Karl Vette], war jetzt der Löwe des Tages. Er stand an der Spitze der Bewegung, redete zu dem Volk, beruhigte den Aufstand und empfing mit herablassendem Lächeln – denn er war kein ernster Mensch – die Danksagungen der gedemütigten Vornehmen, die er durch seine Dazwischenkunft beschützt hatte.

Alles das hatte etwas Kleinliches und Lächerliches, denn diese kleinen Bewegungen nahmen die Formen und Namen der großen Bewegung an und waren nur tragikomisch. Man hätte in ihnen Stoff gefunden, um die Revolution besser zu verspotten, als Goethe es mit der großen Revolution seiner Zeit getan. Dennoch war auch in diesen kleinen Vorgängen eine ernste Seite. Es war der Aufschrei der Unterdrückten gegen die „kleinen" wie die „großen" Tyrannen.

Grabbes Sterbehaus in der Wehmstraße (Unter der Wehme). Um 1880. Das Haus war damals Eigentum des Damenschneiders H. Vorwerk. Außer ihm wohnten 1871 darin drei Militärmusiker (Hoboisten), eine Büglerin und die Witwe des Polizeidieners Twellmann.

1 Meysenbug, Malvida von, Memoiren einer Idealistin, Stuttgart 1876, Bd. 1. – Lipp. Mitteilungen aus Geschichte und Landeskunde, Bd. 22, 1953, S. 84 ff.

Ein Tag aus dem Residenzleben[1]

Die Detmolder schlafen bekanntlich lang, erst mit der in der Frühdämmerung von der Hauptwache erschallenden Morgenreveille beginnt das eigentliche öffentliche Leben. Kommandoworte werden laut, die Wachen abgelöst und auf den bis dahin stillen Straßen wird's lebendig. In alle Tore hinein strömen nun die auf den umliegenden Dörfern wohnenden Bauhandwerker und Tagelöhner ihren Arbeitsplätzen zu, einige Kaufmannsläden öffnen sich . . . Über der Stadt liegt eine dichte Dunstwolke, den unzähligen Kaffeekesseln entstiegen; aus den Bäckerhäusern dringt der wohltuende Geruch des frischen Gebäcks nach außen und erregt bei den Vorübergehenden appetitliche Phantasien. Eselwagen von Johannettental, Hornoldendorf und Remmighausen rollen mit donnerähnlichem Gepolter heran, frische Milch zum Morgenkaffee zuführend, während die Bäcker ihren Kunden frisches leckeres Weißbrot ins Haus senden. Eilige Passagiere und mit Gepäck beladene Lohndiener stürmen zur Post, der „Schwager" quält ein altes, verbogenes Posthorn, fort rollt der Wagen . . . Bärtige Nimrods in abenteuerlichem Jagdkostüm ziehen zum Tore hinaus; hier und da ein Dienstmädchen, Aufwärter, eine Hebamme, der Bursche des Apothekers mit seinem Medizinkorbe, sonst herrscht noch Stille auf den Straßen.

1 Sonntagspost, Jg. 1864, Nr. 46, vom 13. Nov. – Es handelt sich offenbar um eine Persiflage.

Weinbergstraße Nr. 3 (Haus Stölting). Um 1880. Das Gebäude ist nach 1900 durch einen Neubau ersetzt worden.

Erst um acht Uhr wird's lauter. Da pengelt's, und das junge Völkchen schlendert zur Schule, pfeift sich einen Dessauer, neckt die Hunde und alles, was ihm eben in den Weg kommt. Mit quecksilberner Hast schießen jetzt Barbiere, Friseure und Zahntechniker vorüber . . . Der Postkarren rollt, und geschäftige Briefträger eilen von Haus zu Haus. Gerichtsboten mit hohen Aktenbündeln, Polizeidiener, Kalefakters rennen vorüber, und bunt ist's auf den Straßen vom Gewimmel geschäftiger Menschen . . . Immer mehr wächst das Gewühl, immer bunter wird das Geräusch. Ankommende Posten und Equipagen entsenden ihre Passagiere an alle Straßen . . . Die Schelle des Ausrufers tönt durch den Lärm, mit Stentorstimme wird uns Kunde, daß frische Heringe angekommen, ein Hund sich verlaufen oder sonst was verlorengegangen ist.

Mittlerweile rückt die Zeit der Sessionen heran . . . Fracks, Hüte und Krawatten werden sichtbar, die Ärzte beginnen ihren Rundgang, Ordonnanzen in ihrer weißen Handschuhwürde wandern strammen Schritts vorüber. Kinderwärterinnen, Ammen und junges Deutschland in Hülle und Fülle sperren das Trottoir. Die vornehme Welt in Gala macht Visiten, der Damenflor entfaltet seine Reize; Konditoreien und Weinhäuser füllen sich, elegante Equipagen rollen hervor; Bediente, Jäger und Heiducken stolzieren vorüber . . .

Es ist Mittag. Die Wogen legen sich, stiller wird es ringsum. Auf den Straßen und Ecken kauern die Arbeiter und verzehren ihr frugales (!) Mittagsmahl . . . Ein Fuhrwerk nach dem andern verläßt nun die Stadt, dralle Bauernmädchen als Ballast mit sich führend.

So stellte sich die Ecke am Hornschen Tor bis etwa 1896 dar, nachdem das die Lange Straße verengende Haus Nr. 2 um 1888 abgebrochen war. Das rechte Gebäude wurde dann durch das Haus des „Hohen Priesters" ersetzt. An der Stelle der zwei folgenden Häuser steht heute die Apotheke „Zur Rose".

Nach eingenommenen Kaffee wandert die vornehme Welt zum Tore hinaus, in die Anlagen . . . Junge reizende Damen und alte verstimmte Hypochonder klettern gemütlich bergauf, bergab und genießen die frische wohltuende Waldluft, bis der Abend zur Rückkehr mahnt und die Straßen aufs Neue belebt. Die auswärts wohnenden Arbeiter machen sich auf den Heimweg. Gaslaternen werden entzündet, Equipagen und Fußgänger eilen dem Schauspielhause oder den Wirtslokalen zu, und hell erleuchtete Putz- und Kaufmannsläden fesseln zum Beschauen der ausgestellten Herrlichkeiten . . . Spaziergänger, Soldaten, Gesellen und Straßenjungen füllen die Trottoirs und versperren die Wege.

Vom Schloßplatz schallt der Zapfenstreich, das Signalhorn mahnt zur Ruhe und ins Bett. Stiller wird's allmählich in den Straßen. Hier und da schwankt ein verspäteter Wirtshausgast schwermütig nach Hause. Einige fidele Ressourcenmitglieder ziehen schäkernd vorüber, und die Nachtwächter treten ihre nächtliche Mission an . . .“

Ansicht der Neustadt und der Allee um 1870 mit der um 1865 erneuerten Brücke über den Kanal.

Erinnerungen an das Detmold von 1872[1]

Das Detmold von 1872 war nicht mehr so ländlich-idyllisch, wie Falkmann es uns zeigt, aber recht schlicht bürgerlich und residenzmäßig ging es doch zu . . . Es ist schwer, den Jetztlebenden und überhaupt dem jungen Geschlechte eine Vorstellung von der damaligen Residenz- und Landeshauptstadt zu geben . . . All das, was jetzt eine Zierde unserer Stadt bedeutet, die neue Stadtkirche, Bahnhof, Landgericht, Regierungsgebäude, Post, Kaiser-Wilhelm-Platz usw. versinke vor unseren Blicken. Stattdessen stellt euch ein großes, unbebautes, wüstes Gelände vor, teils trocken gelegt, teils in Sümpfe, Pfützen und kleinere oder größere Teiche sich sondernd . . . Dies große Gelände gab im Sommer einen herrlichen Rummel- und Tummelplatz für den altberühmten Bruchmarkt, der ja auch heute noch gefeiert wird und seinen Namen festgehalten hat, obgleich das, wovon er ihn erhielt, das „Bruch" verschwunden ist.

Im Winter, wenn der Zutritt zum Burggraben noch verboten war, gab es für uns Schlittschuhläufer auf den Teichen des Bruches eine herrliche Gelegenheit zur Ausübung unseres Wintersportes. Der Burggraben dagegen und seine Eisbahn standen unter strenger Aufsicht des Hofmarschallamtes. Mir, dem Auswärtigen, dem Neuling, begegnete in der Winterzeit 1872/73 folgendes:

Schon seit Tagen hatte ich bemerkt, daß der Burggraben eine feste, spiegelglatte Eisfläche zeigte. Als eifriger Schlittschuhläufer . . . wußte ich genau Bescheid, ob eine Eisfläche tragfähig sei oder nicht, war darum höchst erstaunt, die Fläche leer zu finden. Die Detmolder, dachte ich, müssen doch recht furchtsame Leute sein . . . Die Schlittschuhe waren bald geholt und angeschnallt, und munter zog ich als Solo-Läufer meine Bogen, unbekümmert darum, daß sich eine immer mehr wachsende Zuschauerschaft am Ufer sammelte, die auch nicht still war, sondern mit allerhand Zwischenrufen meine sportlichen Leistungen zu stören versuchte. Das kümmerte mich nicht. Ich hatte sogar das Hochgefühl, die vermeintlichen Feiglinge, die sich nicht mal auf so festes Eis ge-

1 Nach: Antze, Adolf, Detmold vor 57 Jahren, in: Vaterländische Blätter, 1930, Nr. 3, vom 1. 3. 1930.

Die Erlöser-Kirche am Marktplatz, wie sie sich dem Betrachter 1885 darbot.

trauten, zu beschämen . . . Zwischen den staunenden und lachenden Zuschauern erschien plötzlich ein sehr distinguiert aussehender Herr, höchstwahrscheinlich ein Rat oder Geheimrat, denn deren gab es damals gar viele in Detmold. Seine anfänglich sanfteren Winke glaubte ich unbeachtet lassen zu dürfen. Als er aber immer heftiger gestikulierte, bequemte ich mich heranzukommen. Und nun ging's los! Ob ich denn nicht wüßte, daß es streng verboten sei, den Burggraben ohne Erlaubnis des Hofmarschallamtes zu betreten?! Ne, sagte ich, das wäre mir unbekannt. Durch mein Vergnügen würde doch niemand geschädigt. Aber da hagelte es nur so von Vorwürfen und Drohungen. Nun zog ich's vor, klein beizugeben. Beim Schuldirektor wurde Anzeige erstattet. Ich bekam meinen Verweis und strenge Verwarnung . . .

Am seltsamsten erschien meiner ländlichen Einfalt die Art, wie wir Schüler, nach dem Muster der Militärpersonen, gezwungen waren, unsere Reverenz zu machen vor den „allerhöchsten" Persönlichkeiten. Diese waren vor allem Seine Durchlaucht der gute alte Fürst Paul Alexander Leopold, alsdann seine immer noch liebreizende jugendliche Gattin. Ferner noch des Fürsten alte und außerordentlich wohlgenährte Schwestern. Wenn uns eine dieser Personen begegnete, es mochte sein, wo es wolle, so hatten wir Kotau zu machen: . . . Zehn Schritte, ehe diese Herrschaften an uns vorbeikamen, hatten wir zur Seite zu treten, die Augen auf die Kommenden gerichtet, unsere Mützen in der Hand zu halten und in dieser Stellung zu verharren, bis nach erfolgtem Gegengruße die Herrschaften vorüber waren. Sehr nett war's, wenn der jugendlich frischen Fürstin unser Gruß galt, die stets mit großer Freundlichkeit und höchst anmutig durch Blick und Kopfneigen sich bedankte. Den wohlbeleibten Prinzessinnen begegneten wir weniger gern.

Anders der Fürst. Er war immer die Huld und Gnade selbst. Alle Welt sprach von seiner Güte und Freundlichkeit. Von seiner fürsorglichen Umsicht für seine Dienerschaft erzählte man sich Unglaubliches. Wenn die Frau eines seiner Bedienten in die Wochen gekommen war, sorgte er für sie in wahrhaft väterlicher Weise. Man erzählte sich – aber das war wohl Übertreibung – daß er persönlich bei erkranktem Dienstpersonal Besuche abstattete . . . Wenn dieser hohe Herr auf unserm Bummel uns begegnete, befiel mich immer ein gelinder Schrecken.

Exterstraße Nr. 11. Bis 1890 diente dieses Gebäude als Posthaus. Anfang des 20. Jahrhunderts unterhielt Theodor Müller hier eine kleine Möbelfabrik. Die Firma gilt als Vorläufer des heutigen Temde-Werkes.

Mein Freund W. hatte die infame Gewohnheit, jedesmal, wenn wir unsere Reverenz machten, mir ein paar Worte zuzuflüstern, die bei mir einen unwiderstehlichen Lachreiz auslösten. Eins dieser Worte ist mir noch in Erinnerung geblieben: „Leupold, schenk mich en Daler und en alten Hut.“ (Das bezog sich auf einen alten Soldaten, der bei dem Fürsten in Gnaden stand, und dem hohen Herrn mit dieser Bitte öfters gekommen sein soll.)

Wenn nun Paul Alexander Leopold mit äußerst gnädigem Gruße, aber leider zitternden Händen (er war früh gealtert) seinen Hut vor uns in Paradestellung Stehenden abzog, hatte ich Qualen auszustehen, um den Lachreiz zu überwinden. Das war, ich gestehe es, einem so guten alten Herrn gegenüber respektlos, aber ich war ja doch einer vom Lande und außerdem nicht viel über 19 Jahre alt.

Auf den ersten Blick stellt sich diese Aufnahme der Neustadt aus dem Jahr 1867 so dar, als ob sich bis heute nichts geändert hätte. Dennoch waren es damals reine Wohnhäuser, während sich heute dort zahlreiche Geschäftsräume befinden. Die Bühnen im Kanal dienten den Frauen bei der großen Wäsche.

Detmold vor 40 Jahren (= um 1890)[1]

... Ich wohnte damals in der Allee in einem ganz alten Hause. Wenn ich mir jetzt die Bauweise der Bauernhöfe ansehe, so muß dieses Haus wohl früher einmal auch ein solches gewesen sein, das allmählich ein Stadthaus wurde. Die große Einfahrt mitten im Haus gab es allerdings damals dort auch nicht mehr, aber dann kam man in einen großen Hausflur. Links und rechts davon lagen zwei Wohnzimmer mit je zwei Fenstern, das war die Häuserfront. Rechts lag der Salon und links das (eigentliche) Wohnzimmer. Dieses wurde schon im Herbst geheizt und darin gab es einen Fensterplatz mit einem Spiegel vor den Fensterscheiben, in dem man die ganze Straße hinauf und hinab sehen konnte. Gleich nach dem Nachmittagskaffee, um 4 Uhr, saß dort die alte, liebe Frau Major und häkelte. Ihre beiden Töchter und ich gingen inzwischen spazieren und machten Bestellungen in den Läden. Besorgungen nicht, denn man trug damals nicht gern Päckchen auf der Straße. Kamen wir dann heim von unserem Marsch, wobei das Kleiderraffen im Herbst und Winter, in Staub oder Nässe, eine rechte Last war, so sagte wohl die gute Frau Major strafend mit einem letzten Blick auf die dunkel werdende Straße im Spiegel: „Mit dem neuen Mädchen bei A's muß wohl auch nichts werden. Die schwatzt jetzt schon über eine Stunde bei der Brücke." „Die Jungen vom Doktor haben sich sicher nasse Füße geholt." „Der Hauptmann D. ist auch wieder allein ohne seine Frau spazieren gegangen" und „Bei Z's ist schon wieder mal Damenkaffee". Erzählten dann die Heimkehrenden von ihren Begegnungen, nun so wußte man Bescheid von all denen, mit denen man in enger Gemeinsamkeit zusammenlebte.

1 Aus: Lippische Tages-Zeitung, 1932, Nr. 206, vom 2. 9. 1932.

Oberbriefträger Friedrich Mönkemöller war in den letzten Jahrzehnten des 19. Jahrhunderts eine allseits beliebte Persönlichkeit. Um 1885.

„Lache-Korl“[1]

Eine Type der Jahrmärkte ist vor einigen Tagen ins kühle Grab versenkt. Es ist die bekannte Gestalt des „Lache-Korl“, der auf den Jahrmärkten sein größtes Vergnügen hatte, wenn er sich auf Grund seiner Lachleistungen ganz gehörig sattessen und -trinken konnte. Er ist vor einigen Tagen im Landkrankenhaus in Detmold gestorben.

(Im Jahre 1924 – Teutoburger Blätter, Jg. 5, Nr. 52 – hatte man sich dieses Originals noch einmal erinnert: Seinen Namen hatte „Lache-Korl“ daher, daß er gegen Geld und gute Worte eine schier unglaubliche Lache anschlug. Am liebsten verkaufte er dieses Lachen gegen Rinderwürste. Er stammte aus Brüntrup und war mit einem derartigen Appetit ausgestattet, daß er ein Dutzend Würste auf einmal verzehrte. Er war von gedrungener Gestalt mit einem übermäßig großen Kopf und einer nilpferdähnlichen Mundpartie. Es wird behauptet, daß er an den Folgen seiner Eßlust verstarb, nachdem er auf dem Jahrmarkt in Bad Meinberg des Guten zuviel getan hat. Obwohl kein Detmolder, galt er in dieser Stadt als Original, an das sich ältere Mitbürger vielleicht noch erinnern können.)

1 Aus: Lippische Landes-Zeitung vom 3. 8. 1911.

August Pinkau galt in den Jahren um 1890 als eines der gar nicht so wenigen Detmolder Originale. In seiner Jugend war er Kuhhirte gewesen, um später den Musen als Theaterdiener nützlich zu sein. Das Oberhaupt einer kinderreichen Familie war in verschiedenster Weise für die Allgemeinheit tätig: Laternenwärter und Nachtwächter (wobei er gern auf Bänken vor den Hauseingängen einige Stunden verschlief), Ausrufer für amtliche Bekanntmachungen in den Straßen der Stadt, Plakatträger vor dem Zug der ausmarschierenden Bürgerschützen und als deren Scheiben Diener. So zeigt ihn das Foto mit der Fahne, mit der er wohl manche „Fahrkarte“ angezeigt hat. Schließlich gehörte er auch als „Spritzenmann“ der Freiwilligen Feuerwehr an. Die Aufnahme ist anläßlich des Schützenfestes von 1893 gefertigt worden.

Unter der Wehme um 1880[1]

Um 1880 hatte die Wehmstraße noch nicht das Aussehen wie heute. Mitten durch das Straßenpflaster zog sich der tiefer gelegene Wasserabfluß, und die Häuser standen noch so da, wie sie der Erbauer dereinst aufgeführt hatte. Grabbes Sterbehaus wies noch keinen Laden auf, und das danebenstehende Heißenbergische Haus hatte noch eine mächtige Bogeneinfahrt, durch die die Kühe des Schuhmachermeisters Grote allabendlich im Sommer ihren Weg zum Stall fanden. Das Webersche Haus besaß ebenfalls noch keinen Laden. Durch einen schmalen Hauseingang gelangte man in die Wohnräume der Familie Ewe und durch Ersteigen einer steilen Treppe in die Werkstatt des Schneidermeisters Gustav Ewe. Auch das Uhlesche Haus an der Ecke der Krummenstraße war noch kein Geschäftshaus. In ihm wohnte die Familie Burghardt, in der junge Damen aus israelitischen Familien den gesellschaftlichen und häuslichen Schliff erhielten. Burghardt's Pensionat war das älteste nach dem Pensionat Tappen in der Luisenstraße. Für die zahlreiche Kinderschar waren die jungen Damen im Burghardtschen Pensionat wahrhafte Wohltäterinnen . . . Die schönste Zeit für die Kinder unter der Wehme bildete die jüdische Osterzeit. Da gab es bei Burghardts ein regelrechtes Festessen mit Mazzen. Am wenigsten verändert hat sich das Eckhaus, in welchem sich jetzt der Gasthof „Hermannsburg" befindet. Ursprünglich war in ihm ein Kolonialwarengeschäft, in dem die Besitzer aber kein Glück hatten . . . In einem anderen Haus wohnte eine Frau Latsch, die von allen Kindern auf der Straße mit „Tante" angeredet wurde. Von ihr holten sich die Kleinen die „Puttäppel", die sie mit Zucker vorzüglich zuzubereiten verstand. Im übrigen waren auch die anderen begüterten Anwohner der Wehme nicht engherzig, wenn ein kleiner Freßsack bei ihnen Besuch abstattete. Beim Schuhmachermeister Grote gab es dann ein großes Butterbrot und eine Tasse Milch . . . Auch bei Mutter Herbst gab es selbstgebackenes Brot, selbstgemachte Wurst und selbstgemolkene Milch, und im Herbstschen Hause konnten die Jungens stolz auf dem Rükken eines Pferdes sitzen.

Wenn das Obst reif war, dann war es auch für die Kinder der Wehme etwas Selbstverständliches, daß sie sich an der Obsternte des damaligen Generalsuperintendenten Koppen beteiligten, was diesem indes, wenn er nicht gefragt wurde, wenig angenehm war . . .

Das Gebäude Unter der Wehme Nr. 9 zeigt noch die typischen Merkmale eines Ackerbürgerhauses, wie es in dieser Aufnahme nach dem Brand von 1898 festgehalten ist. An seiner Stelle befindet sich heute die Freibankschlachterei.

1 Aus: (Becker, L.?) Unter der Wehme, in: Teutoburger Blätter, 1922, Nr. 3, vom 21. 1. 1922.

Vom Werden und Wachsen der wunderschönen Stadt[1]

. . . In diesem Dornröschenschlaf beharrte Detmold Jahrzehnte hindurch. Man hatte Freude an Schauspiel und Musik. Man ließ sich im „Bildungsverein" mit mehr oder weniger Verständnis die neuesten Errungenschaften auf den Gebieten der Technik und Wissenschaften vorführen. Man hatte seine Landesbibliothek mit viel schöner Kunstliteratur. Man verfolgte das politische Treiben in der Welt . . . Die geschäftige Welt flutete um die Grenzen herum. Man hörte ihr Brausen, wurde jedoch kaum merklich berührt. Im Jahre 1863 legte man die erste Telegraphenlinie von Bielefeld aus durch Lippe nach Pyrmont. Am letzten Tage des Jahres 1880 lief der erste fahrplanmäßige Zug von Herford in Detmold ein. Weitere 15 Jahre mußte man warten, ehe die Fortsetzung der Linie nach Altenbeken in Betrieb genommen werden konnte. Und noch später kam die Bahn von Bielefeld nach Hameln über Lage und Lemgo. Wie unglaublich spät das alles!

Vor 35 Jahren kam ich, nachdem ich beiläufig gesagt, bislang nur in Großstädten und einige Jahre im Ausland gelebt hatte, zum ersten Mal nach Detmold. Als ich damals vom „Lippischen Hof", wo ich abgestiegen war, die „Lange Straße", die Pulsader der Residenz, gemächlich hinabschlenderte, fiel mir in der Nähe des Residenzschlosses ein halbwegs moderner Laden mit großen Auslagefenstern auf [vielleicht J. C. Koch, Nachf., Manufaktur- und Modewarengeschäft – Inh. Hermann Knoop, Nr. 69, oder E. Rosenbaum, Manufaktur- und Herrenkonfektionsgeschäft, Nr. 57?]. Erstaunt blickte ich mich um und sah die Straße noch einmal zurück. Ich muß gestehen, daß es mir von jeher ein besonderes Vergnügen gemacht hat, vor geschmackvollen Schaufenstern zu verweilen. Neugierig hatte ich auf meinem Wege die altertümlichen Giebelfronten, hier ein schön gegliedertes Dachwerk, dort einen stilgerechten Renaissancevorbau gemustert, mich an den anheimelnden Inschriften erfreut, hatte mich über den mir damals noch unerklärlichen Straßenzug der „Krummenstraße" amüsiert. Alles schien blitzblank, wie aus einer alten Spielschachtel aufgestellt. Aber an sogenannten modernen Läden wäre ich gewiß nicht vorübergegangen, ich hätte sie nicht übersehen. Handlungen gab es einige. Auf der Diele des Hauses, an deren verräucherten Deckbalken gewöhnlich ein reicher Vorrat an Schinken, Speck und Wurst hing, war meist auf einer Seite ein Verschlag eingerichtet, hinter dem sich der notwendige Warenvorrat aufbaute. Man mußte zuweilen warten, bis irgendwo aus einer Tür der La-

Das Fachwerkhaus Meierstraße Nr. 5 wurde im Jahre 1958 abgerissen. Hier ist es nach einer Aufnahme um 1890 noch zu sehen.

1 Von Kiewning, Hans, 1898 (Auszug), aus: Teutoburgerwald und Weserbergland, 1933, Jg. 7, Nr. 3, S. 2 ff.

deninhaber erschien. An anderen Stellen wurde das Gewünschte gleichsam durch das Fenster dem Käufer auf die Straße zugereicht. Und was gab es alles nicht? Wie oft wurde man mit dem Bescheid abgespeist: „Ach, das wird hier nicht geführt. Das lassen sich die Herrschaften am besten direkt von auswärts kommen." Man gewöhnte sich schließlich an diese lästige Gleichgültigkeit und kaufte tatsächlich auswärts.

Das war damals so. Die Elektrische fuhr noch nicht. Die wenigen Menschen, denen man auf der Straße begegnete, gingen gemächlich einher. Sie eilten nicht. Sie grüßten sich tief, blieben stehen, sprachen sich an – sie hatten alle viel Zeit. Bis auf einige Staatsbeamte, die sich einredeten, daß sie unglaublich viel zu tun hätten. Und heute? – Die „Lange Straße" ist kaum wiederzuerkennen . . .

Der Blick aus der Langen Straße auf den „Lippischen Hof" war im Jahre 1888 noch teilweise durch das alte Eckhaus (Nr. 2) begrenzt, das bald darauf abgerissen worden ist.

Um 1870 war die Benekestraße als neues Wohngebiet erschlossen und bebaut worden. Einen Blick in Richtung Palais-Straße gewährt dieses Photo für die Zeit um 1890.

(Foto Mitte!)

Palaisstraße, Ecke Beneckestraße

Die Benekestraße in ihrer Ansicht in Richtung auf die Weinbergstraße (heute Paulinenstraße). Um 1890.

Das frühere Garnison-Lazarett (späteres Kreis-Altersheim) in der Hornschen Straße (erbaut Ende des 19. Jahrhunderts) wurde Ende der 60er Jahre abgebrochen. An seiner Stelle erhebt sich heute das Dienstgebäude der Kreis-Polizeibehörde.

An der Stelle dieses Gebäudes (Leopoldstraße Nr. 23) befindet sich heute der Parkplatz der Bezirksregierung (dem Eingang zur Schülerstraße gegenüber). In dem Haus hat um 1860 Johannes Brahms während eines Aufenthaltes in Detmold gewohnt. Bei der auf der Aufnahme vom 1. September 1895 gezeigten Privat-Klinik handelt es sich um die damals neueröffnete Praxis des Frauenarztes Dr. K. Schlutius. Die Klinik hat nur kurze Zeit bestanden, denn das Adreßbuch von 1897 nennt sie bereits nicht mehr.

Das Gebäude des hiesigen Landeskrankenhauses machte in den 90er Jahren des vorigen Jahrhunderts einen recht schlichten Eindruck.

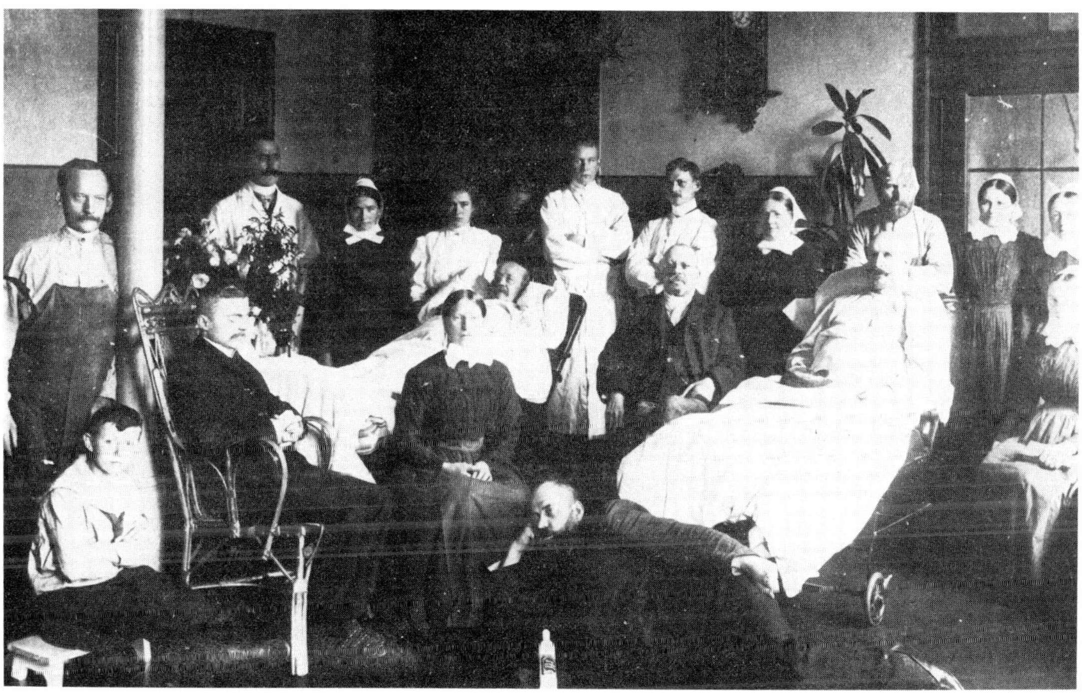

Diese Aufnahme im hiesigen Landeskrankenhaus dürfte um 1910 entstanden sein und zeigt Patienten, Ärzte und Pflegepersonal. Nur drei Personen konnten identifiziert werden: Krankenpfleger August Strate (ganz links), Kaufmann August Korf (im Lehnstuhl) und Fürstlicher Bauverwalter Fritz Multhaup(t) (vorn liegend).

Ein Spaziergang rund um Detmold etwa 1870[1]

Der „Lärm der kleinen Residenz“ liegt hinter uns, und vor uns nach Westen und Nordwesten dehnt sich die Ebene aus. In weiter Ferne zeigen sich ein paar Häuser, dort, wo heute die Elisabethstraße liegt. Das Häuserviertel zwischen der Paulinen-, verlängerten Bruch- und der Grabbestraße sowie dem bis zur Mittelmühle verlängerten Wall war vor 100 Jahren ein freier Platz, auf dem zur Mittagszeit die Kühe der Bürger von den Dienstmädchen gemolken wurden. Das einzige größere Gebäude auf diesem Platze war der spätere „Pieperkrug“ (heute „Arminius-Hotel“). Doch gab es noch ein anderes Gebäude, nämlich den Stall für den städtischen Bullen. Nach dessen Abriß hieß der Platz sehr bezeichnend „Der Boulevard“, weil eben hier früher der Bulle war. Jenseits der heutigen Grabbestraße lag eine Reihe von Gärten, durch die eine Tweete (seitlich durch Hecken begrenzter Weg) zum „Langen Jammer“ (heute Paulinenstraße) führte und ungefähr am Orbker Wege (heute Industriestraße) endete. Westlich vom „Langen Jammer“ lagen die städtischen Kuhweiden und die Weiden der Bürger.

Folgen wir dem Feldweg, der heute ungefähr die Hermannstraße bildet, nach Süden, so kommen wir an den Fürstengarten, an den sich der „Brüggemeyersche“, der „Köstersche“ und meines Vaters Garten, das Paradies meiner Jugend, anschlossen. Der angrenzende Knochenbach war für uns Kinder der Tummelplatz unserer Spiele. Hier bauten wir Dämme und Wassermühlen, fingen Kaulquappen, Grimpen und „Elritzen“, und später bot uns der Bach die herrlichsten Forellen, die wir dank Nagelitzens Anleitung mit tödlicher Sicherheit auf die Gabel spießten.

Hinter den Gärten kam man zur heutigen Freiligrathstraße, damals ein staubiger Kommunalweg, an dessen Ostseite sich der Benekesche Zimmerflecken bis zur Benekestraße (damals ein einfacher Feldweg) hinzog. Der Feldweg kreuzte den Knochenbach über eine hölzerne Brücke, und man gelangte in die Palaisstraße, die damals gerade begann, sich als solche zu entwickeln. Wenn man dort den Weinberg bestieg, kam man auf dessen Gipfel in die sogenannte „Türkei“. Sie gehörte uns Kindern und war daher auch bis in die geheimsten Winkel erforscht. Nur eine Stelle gab es, die wir mieden. Das war das Grab in „Kaisers Weinberg“. Von der „Türkei“ konnte man bis zur Oberen Mühle gelangen, um dann weiter den Büchenberg mit dem „Tiergarten“ und dem „Römerwäldchen“ zu erreichen. Römerwäldchen! Meterdicke Buchen und Eichen ragten wie Säulen empor. Kein Sonnenstrahl konnte durch das Blättermeer dringen. Und doch war der Waldboden stets trocken und rein. Ich kann es dem Fürsten Woldemar niemals vergessen, daß er diesen herrlichen Wald niederlegen ließ, um daraus eine Pferdekoppel zu machen.

Der Weg von dort führte nun weiter über den Papenberg zwischen dem Palaisgarten und den östlich gelegenen Gärten hinunter. Dieser Weg war zur Winterszeit das Eldorado für uns Jungen. Hier konnten wir auf unseren „Preckelschlitten“ hinuntersausen, ohne daß es uns verboten wurde. Vom Fuße des Papenberges wenden wir uns nun in nördlicher Richtung durch einen Hohlweg, welcher uns wiederum um Gärten führte. Unter diesen flößte uns der zum Prinzenpalais (heute Landesbibliothek) gehörige den meisten Respekt ein. Das Palais war damals von Prinz Woldemar, dem späteren Fürsten, bewohnt. Um ihn hatte sich ein ganz eigener Sagenkreis gewoben, und uns Kindern kam er wie eine Art Tyrann von Mottenburg vor, mit dem nicht zu spaßen war.

Östlich vom Prinzenpalais lagen wiederum Bürgergärten, um die eine Twete führte, die die Hornsche Landstraße dort erreichte, wo später das neue Militärlazarett (heute Neubau der Kreispolizei) errichtet wurde. Über den Kuhkamp und die Werre gelangte man zum Hambruch. An eine Eisenbahnlinie dachte damals noch niemand. Das Hambruch bestand nur aus Gärten, die sich bis zu den Schoren hinzogen und von der Meiersfelder (heute Blomberger) Straße, dem „Neidbrink“ (heute Georg-Weerth-Straße) und der Werre begrenzt war.

Hinter dem Hambruch über die Lemgoer Chaussee hinaus befand sich der Wehrenhagen. Dort und auf dem dahinter

1 Von Robert Starke; um 1900 Redakteur bei der Lippischen Landes-Zeitung, später nach den USA ausgewandert, von wo er diese Jugenderinnerung schrieb, aus: Lippische Landes-Zeitung, 5.–19. 12. 1926.

gelegenen Gelände befanden sich nur ein paar Häuser. Erst nachdem das Landeskrankenhaus errichtet wurde, begann dort die Bautätigkeit. Sonst waren hier nur Gärten. Detmold war damals eine richtige Garten- und Brückenstadt. Ich erinnere mich wenigstens an dreißig verschiedene Brücken, hölzerne und steinerne.

Unser Spaziergang um die Stadt kommt nunmehr bald zum Ende. Die Lagesche Straße entlang kam man zu den Pinneichen und zur Jerxer Heide. An die letztere knüpft sich die Erinnerung an den Jerxerheider Markt und an die dort abgehaltenen Schützenfeste.

Doch in meiner Erinnerung gehe ich die Lagesche Straße zurück und biege in den Doktorweg ein, der mich über den Schloßplatz wieder in die Lange Straße bringt. An der Schloßwache stand der Soldat. Es war Monat Mai. Noch dachte niemand daran, daß wenige Wochen später das Detmolder Bataillon einen Gang antreten würde, dem eine furchtbar ernste Bedeutung zu Grunde lag.

Das imposante Gebäude am Bruchberg war vor 70 Jahren das „Schloß-Hotel“, stand aber zu jener Zeit in etwas zweifelhaftem Ruf. Um 1910.

Um die Jahrhundertwende beherbergte das Haus Nr. 17 in der Langen Straße das angesehene Hotel „Deutsches Haus", vor dessen Eingang die Gäste gern ihren Frühschoppen nahmen. Um 1900.

Der Saalanbau am „Lippischen Hof", wie er um 1905 bestand.

Die Ecke Lange/Woldemarstraße hat sich in ihrer Ansicht im Laufe der vergangenen hundert Jahre mehrfach verändert. Um 1880 sah es dort so aus, wie dieses Foto zeigt. In dem Gebäude befand sich bis 1911 das Fürstliche Staatsministerium. An seiner Stelle wurde 1917 die „Fürst-Leopold-Akademie“ errichtet, die bereits 1924 aufgelöst wurde. Auch dieses Bauwerk, das unter anderem die Lippische Landes-Brandversicherungsanstalt beherbergt hatte, ist seit 1977 verschwunden. Jetzt steht hier das Kaufhaus der Karstadt AG.

Der um die Jahrhundertwende zum Hotel „Lippischer Hof“ gehörende Festsaal war ein beliebter Raum für größere Festlichkeiten der Detmolder Bürgerschaft. Hier ist uns das Foto einer Hochzeitsgesellschaft aus der Zeit um 1890 überliefert.

Das sogenannte „Palais Petri" an der Ecke Lemgoer (später Lange) Straße zur Meiersfelder Straße (jetzt Blomberger Straße), erbaut 1838, war etwas Besonderes für das frühere Detmold. Trotz vieler Bürgerproteste mußte es im November 1973 der neuen Straßenplanung weichen. Die Aufnahme zeigt das Gebäude um 1910.

Die Gebäude der früheren „Unteren Mühle" an der Wiesenstraße (nicht mehr vorhanden). Ansicht um 1912.

Detmolds Entwicklung um die Jahrhundertwende[1]

Bis in die 60er Jahre des vorigen Jahrhunderts führten die kleinen deutschen Residenzen meistens ein gar friedliches Dasein. Die Revolution von 1848 hatte verhältnismäßig wenig Veränderungen im staatlichen Leben gebracht, die gemütliche Biedermeierzeit dauerte noch an. So war es auch in Detmold. Der Hof und die Hofkrise waren alles, das Bürgertum mit Handel und Gewerbe hatte wenig Bedeutung. Die Steuern waren sehr gering, der nach einem veralteten Wahlgesetz gewählte Landtag tagte bei verschlossenen Türen, die Kammer und die Regierung führten die Verwaltung des lippischen Ländchens, ohne erheblichen Widerspruch zu finden. Das alles wurde anders, als die neue Zeit auch an die Tore Lippes klopfte. Die Sympathien der nord- und mitteldeutschen Dynastien, auch der lippischen, neigten . . . mehr zu Österreich . . . Jetzt mußte auch Lippe nach den unerwarteten Ereignissen von 1866 dem Norddeutschen Bund unter Preußens Führung wohl oder übel beitreten und auf Grund der neuen Militärkonvention seine gesamte Kriegsmacht Preußen zur Verfügung stellen. Das bedeutete eine ganz erhebliche Mehrbelastung an Steuern für die Staatsangehörigen. . . . Leidenschaftliche politische Kämpfe wurden damals in Detmold (der Landtag tagte im Erdgeschoß des Hauses Grabenstraße 12 in der Exterstraße) ausgefochten. Aber noch anderes kam hinzu. Man sah, wie in Preußen durch den Bau von Eisenbahnen Handel und Wandel immer mehr aufblühten, wie rings um Lippe herum Schienenwege gebaut wurden und Lippe als Kleinstaat von geringer Leistungsfähigkeit immer mehr benachteiligt wurde. Jahrzehntelang dauerten die Verhandlungen und Kämpfe um den Eisenbahnbau. Endlich, im Jahre 1880, wurde die Linie Herford–Detmold eröffnet, aber erst 1895 erhielt Detmold auch Eisenbahnanschluß nach Süden . . . 30 km nördlich und südlich laufen zwei der größten Verkehrsadern Deutschlands zwischen Berlin und dem Rheine vorbei, Detmold aber ist nur vermittelst einer zwischen diesen Linien eingeklemmten Bahn untergeordneter Bedeutung zu erreichen . . . Während der langen Verhandlungen über die Eisenbahnfrage gab es einen Zeitpunkt, in dem die Möglichkeit bestand, die Linie Hannover–Altenbeken von Schieder aus über Detmold nach Süden zu führen. Die Gelegenheit wurde augenscheinlich von der lippischen Regierung verpaßt . . .

In den letzten Jahrzehnten entstand um Detmold ein Netz von elektrischen Straßenbahnen, das für den Lokalverkehr von großer Bedeutung ist. Leider hat Detmold den Betrieb dieser Bahnen einer auswärtigen Aktiengesellschaft überlassen . . .

Fabrikbetriebe großen Ausmaßes fehlen, in der Gegend um den Bahnhof herum sind eine Anzahl kleinerer Fabriken, namentlich der Möbelindustrie, entstanden. Seit ungefähr dem Jahr 1870 dehnte sich die Stadt besonders nach Westen hin aus. Das Bruch, das bis zum Rittergute Braunenbruch sich erstreckte, wurde zur Bebauung erschlossen. Es entstand der Kaiser-Wilhelm-Platz und die daran sich anschließenden Straßen, in erster Linie die Paulinenstraße, die, weil es mit dem Häuserbau gar langsam vorwärtsging, von Detmoldern „Langer Jammer" genannt wurde . . . Die Stadt, die im Jahre 1870 511 Wohnhäuser hatte, zählt jetzt (1932) deren mehr als 2 000. Was die Bauart anlangt, so bemerken wir ja leider in manchen Straßenzügen oft stucküberladene protzige Bauten . . ., aber in den ausgedehnten Villenvorstädten doch auch sehr viele gartenumgebende geschmackvolle Häuser: Man hat Detmold mit Recht die Gartenstadt genannt.

1 Aus: Anemuller, Ernst, Chronik der Stadt Detmold. Detmold einst und jetzt, Detmold 1932, S. 37 f.

Ansicht der Stadt von Nordosten im Jahre 1917. Im Vordergrund Woldemar- und Seminarstraße (letztere noch im Ausbau). Am linken Rand sieht man die Gebäude des heutigen Grabbe-Gymnasiums.

Biscuit-Fabrik C. Pecher, Klüter Straße 1 (heute Lemgoer Straße). Um 1900.

Blick auf die Steinstoßstraße (1913 umbenannt in Hans-Hinrichs-Straße). 1907.

Nach dem ersten Durchbruch der Freiligrathstraße zur Krummen Straße im Jahre 1874 bestand dieser über Jahrzehnte nur aus einem schmalen Durchgang, wie dieses Foto um 1905 noch zeigt. Die Häuser auf der rechten Seite des Ganges verschwanden um 1908, während das linke Gebäude noch heute besteht.

Die Mittelmühle (Ameide). Um 1900.

Arroganz und Revolverknall[1]

14. 11. 1875. Am Martini-Abend . . . saßen in dem Billardzimmer der Restauration des Wirts Kruse in Detmold einige junge Offiziere des 6. Westf. Inf.-Regts. Nr. 55 und ein Engländer, T . . . . r mit Namen, welcher in Detmold mit seiner Familie wohnt, lustig zechend um ihren Tisch. Es traten mehrere Handelsreisende in das Lokal, um eine Partie Billard zu spielen. Bald nach Beginn des Spiels machte der Engländer verschiedene schnöde Bemerkungen und wurde deshalb von einem der Reisenden ersucht, ihr Vergnügen doch nicht zu stören. Urplötzlich zog der Engländer aus seiner Brusttasche einen sechsläufigen Revolver und schoß zwei Schüsse auf den Kaufmann ab, die glücklicherweise ihr Ziel nicht trafen. Durch die Intervention des Wirtes Kruse wurde dem Attentäter der Revolver abgenommen, in welchem sich noch vier scharfe Schüsse befanden. Hätten die Herren Offiziere den Engländer nicht nach Haus begleitet, wäre derselbe vielleicht nicht mit heiler Haut davongekommen . . .

21. 11. 1875. Zu dem Bericht vom 14. 11. muß leider konstatiert werden, daß sich mehrere Offiziere nach den Mitteilungen der beteiligten Herren in der Art betragen haben, daß man allgemein bittere Klagen über ihr Verhalten ausstößt. Namentlich tadelt man hart, daß diese Herren . . . spöttelnde Bemerkungen über die Handlungsreisenden wie „Die haben noch kein Pulver gerochen" ausgestoßen, daß sie unmotiviert sich in ein Gespräch gebildeter und anständiger Herren gemischt und diesen die Unterhaltung über jene Szene haben verbieten wollen. Hierbei sollen sich namentlich mehrere jüngere Offiziere derart arrogant gezeigt haben, daß man erwarten muß, es werde das Offizier-Korps eine Untersuchung gegen dieselben einleiten . . .

1 Aus: Die Sonntagspost, Lemgo 1875.

Fritz Nagelitz, ein Detmolder Original um 1875[1]

Detmold schlief. Die heiße Junisonne brütete in den Straßen. Detmolds Bürger ruhten sich von der anstrengenden Tätigkeit des Vormittags aus. Nur einer nicht. Spähend, ob die Luft rein sei, trat Fritz Nagelitz aus seinem Haus an der Auguststraße, das hinter dem früher Bäcker Priesterschen (Hornsches Tor) lag. Wenn draußen alles seinen Wünschen zu entsprechen schien, wagte er sich auf die Straße. Auf dem Kopf einen alten Filzhut, gekleidet in einen schäbigen Gehrock und in der Hand einen Spazierstock, schritt er zum Hornschen Tore hinaus, über die Brücke bei Müllers Hotel („Lippischer Hof") und bog dann in die Allee ein, auf der er im Tempo eines Spaziergängers entlangschlenderte. Je näher Nagelitz der Palaisbrücke kam, desto mehr verlangsamte er seine Schritte. An der Brücke bog er nach links ein und beugte sich über das Geländer, um mit Interesse die fetten Forellen, die dort zu stehen pflegten, zu beobachten. Während er scharfen Auges nach allen Seiten spähte, bewegte er gleichzeitig den Stock hin und her und auf und ab. Eine Veränderung war mit diesem vorgegangen: Am unteren Ende war nun eine scharfe dreizinkige Fischgabel sichtbar und da, wo sonst der Handgriff zu sein pflegte, befand sich ein Federbüschel. Wenige Sekunden darauf entglitt der Stock Nagelitzens Hand, machte im Wasser einige sonderbare Bewegungen, neigte sich dann zur Seite und trieb langsam den Bach hinunter. Der Eigentümer folgte seinem Stock, bis dieser nahe genug beim Ufer war, um ihn ergreifen zu können. Daß an der Gabel eine gute Forelle saß, war einer von den sonderbaren Zufällen, an die Fritz Nagelitz keine weiteren Gedanken zu verschwenden pflegte. Forelle, Gabel und Federbusch verschwanden mit unglaublicher Geschwindigkeit im Innern der tief an der Innenseite des Gehrocks angebrachten großen Tasche, und Nagelitz strebte alsdann in beschleunigtem Tempo dem Hause irgendeines Bürgers zu, von dem er

1 Nach der Darstellung von Robert Starke, aus: Starke, Robert, Jugenderinnerungen, in: Lippische Landes-Zeitung, Jg. 1926, Nr. 284, vom 4. 12. 1926.

wußte, daß er auch an Wochentagen einen guten Fisch zu würdigen verstand. Mit einem Geldstück in der Hand strebte Nagelitz zu Kenters Gastwirtschaft am Hornschen Tore, wo er die Münze alsbald verflüssigte. Im Laufe des Nachmittags, wenn die Detmolder Bürger wieder ihren Beschäftigungen nachgingen, ruhte Nagelitz, voll des gebrannten Wassers, im Innern seines Hauses, wohl zufrieden mit dem Erfolg seiner sportlichen Tätigkeit.

Die Lippische Landesbank in der Gerichtsstraße. Um 1915.

Mancher wird sich noch an dieses Gebäude in der Bismarckstraße erinnern. Es wurde 1903 von der Dresdner Bank erbaut, ging später in den Besitz der Deutschen Bank über, wurde 1958 völlig umgebaut und vor gut zwei Jahren durch einen Neubau ersetzt. Das Foto stammt aus dem Jahre 1911.

Bedeutete diese Fotomontage auf einer Postkarte um 1910 einen Scherz, war es eine Satire, oder hatte sie gar tiefere Bedeutung? Vielleicht erinnert sich jemand?

Im Jahre 1910 konnte man die Wäsche noch im Kanal (Wallgraben) waschen, wie dieses Foto mit Blick auf die Ecke Lange und Hornsche Straße zeigt. Selbst für eine Ruhebank war noch Platz vor den kleinen Fachwerkhäusern, hinter denen das Haus des „Hohen Priesters“ aufragt.

Das Haus Ebert in der Bruchmauerstraße. Um 1910.

Detmold im Jahre 1913[1]

„An Handel und Wandel fehlt es nicht" – Die Regsamkeit der Bevölkerung hat es zustande gebracht, daß die heute etwa 15 000 Bewohner zählende Stadt im Laufe der zweiten Hälfte des letzten Jahrhunderts einen ganz außerordentlichen Aufschwung nahm, der auch fortgesetzt anhält. Es ist heute eine liebenswürdige und anmutige Residenz, die wegen ihrer gesunden Lage und wegen ihrer schönen Umgebung sowie der sonstigen erwünschten Lebensbedingungen auch vielfach zu dauerndem Aufenthalt von jenen gewählt wird, die hier den Ruheabend ihres Daseins verbringen wollen. Ein reizendes Villenquartier ist in der sogenannten Neustadt entstanden, die sich zum Büchenberge hin erstreckt, aber auch nach anderen Seiten hin reckt sich die Stadt gar stattlich aus und erfreut selbst ein verwöhntes Auge durch eine Reihe geschmackvoller Neubauten. Daneben wieder heimeln uns ungemein die altertümlichen Straßen nahe dem Schlosse an, eine Anzahl Häuschen mit hölzernen Altanen und windschiefen Taubenverschlägen am Schloßgraben erscheint uns wie ein Stück malerisches Alt-Holland, und wie hübsch wandelt sich's an der Ameide entlang mit dem Blick über das Wasser hinweg auf die das Schloß unten umgebenden Büsche und Bäume, und dann den Wall dahin bis zu der prächtigen Lindenallee und der schmucken Palaisstraße. In der Lange- und der Krumme-Straße sowie in ihren Nebengassen winkt uns traulich und anheimelnd die Vergangenheit zu, daß wir uns ihr auch im hastigen Treiben unserer unruheerfüllten Tage gern hingeben. Welche Behaglichkeit und Friedsamkeit weht uns wohltuend entgegen aus diesen sauberen Straßenzügen, deren beschauliche Giebel und Fachwerkhäuser die Weisheit unserer Vorfahren mit so manchem gutgemeinten, gelegentlich auch salbungsvollen Sprüchlein in nachgedunkeltem Schnitzwerk verziert. Wie berichten uns die wappengeschmückten, einen aparten und etwas verschlossenen Eindruck machenden Häuser der Neustadt, die gewiß einst vom Adel bewohnt gewesen, von den übermütigen Launen des Rokoko. Sie sind ja noch Zeugen jener Tage, in denen die Mitglieder der Hofgesellschaft auf festlich geputzten Nachen hier vorüberfuhren nach dem nahen Friedrichstal, das eine Vereinigung von Terrassen, Wasserkünsten, Orangerien und Grotten bildete und den Schauplatz abgab für allerhand Festlichkeiten, ganz im Watteauschen Geschmack. Die flittrige Herrlichkeit ging während einer Nacht durch eine Feuersbrunst zugrunde, und nur dem aufmerksam spähenden Auge zeigen sich heute noch wenige Spuren jener anmutigen und kostspieligen Anlage. Aber wenn auch nichts Greifbares mehr von ihnen erhalten geblieben, so verflüchtigte sich doch nicht die Lust an Scherz und Spiel, an Sang und Klang, die, von den Fürsten gepflegt, sich stets seitdem in der Detmolder Einwohnerschaft geregt hat und sich auch an dem lebhaften Interesse an Theater und Musik zeigt . . .

Die Flammen haben es verschuldet, daß, von dem Residenzschlosse abgesehen, Detmold keine besonders bemerkenswerten geschichtlichen Bauten aufzuweisen hat. Manches davon fiel im ersten Drittel des 19. Jahrhunderts der Spitzhacke und Schaufel zum Opfer, so das aus dem 16. Jahrhundert stammende Rathaus, die 1511 im gotischen Stil erbaute Kirche des früheren Augustiner-Nonnenklosters usw. Auch die reformierte Kirche am Marktplatz steht hinter den kirchlichen Bauten Lemgos, Blombergs und Horns erheblich zurück, die älteren Kirchenbauten sind gleichfalls durch ein Feuer zerstört worden. Diese reformierte Kirche dürfte um die Mitte des 16. Jahrhunderts errichtet worden sein, der Turm am Ende desselben. Vor vier Jahren wurde das Gotteshaus umgebaut, sein Inneres freundlicher gestaltet. Interessant ist ein steinerner Taufstein mit der Jahreszahl 1579 und ein links vom Eingang eingemauerter Denkstein, der in gut ausgeführter Arbeit einen vor dem Cruzifix knieenden Ritter und seine neben ihm stehende, ein Kind in Windeln tragende Gattin zeigt . . .

1 Aus: Lindenberg, Paul, Durchs Lippische Land. Bilder aus Gegenwart und Vergangenheit, Detmold 1913, S. 137 ff.

Das Haus Grote, Krumme Straße Nr. 14, nach einer Aufnahme um 1910. Im Fenster (1. Etage): Conrad Grote, derzeit Vorsitzender der Lippischen Handwerkskammer. Vor dem Haus: Schwiegersohn Carl Klingenberg.

Oben rechts: Das Haus des Schneidermeisters August Rissiek, Krumme Straße Nr. 30. Um 1908. Es wurde bald darauf abgebrochen, um einen endgültigen Straßendurchbruch zur Freiligrathstraße zu erhalten.

Unten rechts: Verschwunden ist auch dieses schmucke Bürgerhaus der Familie Zimmermann, Krumme Straße Nr. 29, wie es diese Aufnahme um 1905 noch zeigt. Heute findet man dort einen seelenlosen Betonquader.

Diese Häuser an der Ecke Wall/Weinbergstraße (heute: Paulinenstraße) mußten 1958 den innerstädtischen Verkehrsproblemen weichen. Ein Teil des Platzes ist jetzt eine Grünanlage. Das Bild zeigt den Bauzustand im Jahre 1910.

Bruchstraße Nr. 17 (Haus Herbst) nach einer Ansicht um 1900.

Der Eingang zum Fürstlichen Bauhof vor dem Lustgarten nach einer Aufnahme um 1912.

Bruchstraße Nr. 16 (Bäckermeister Priester). Um 1910.

Im Jahre 1907 bot die Krumme Straße noch ein Bild einheitlicher Bausubstanz.

Blick in die Friedrichstraße von der Leopoldstraße aus. Um 1910.

Der Kaiser-Wilhelm-Platz im Jahre 1900 mit dem im Jahre 1926 entfernten Springbrunnen. An dessen Stelle wurde das Ehrenmal für das Inf.-Reg. Nr. 55 errichtet.

Im Sommer 1926 war das neue Ehrenmal für die im Weltkrieg 1914/18 gefallenen Angehörigen des Inf.-Reg. Nr. 55 fertiggestellt und konnte feierlich eingeweiht werden.

Ein Heimatfreund sieht Detmold um 1920[1]

Es ist nicht zu leugnen, daß das prangende Bild Detmold erheblich blasser geworden, seitdem Leopold IV. zur Lippe das Schloß seiner Väter nur noch als Privatmann bewohnt. Detmold ist nicht mehr, was es mehr als 400 Jahre lang war: eine kleine Residenz – mit einem von Gottes Gnaden regierenden durchlauchtigsten Fürsten, dessen Geburtstag in den Schulen des Landes festlich begangen wurde; eine Residenz mit einem Hofe und einem Hofmarschall, mit Hofdamen und Hoflakaien, mit Hofbällen und Hofjagden, mit festlichen Empfängen auswärtiger Fürstlichkeiten und Ständchen der Regimentskapelle auf dem Schloßplatz, mit einem Doppelposten vor dem Schloßportal, mit einer Hofloge im Hoftheater, mit Dutzenden von Hoflieferanten allein in Detmold, mit der merkwürdigen Gesellschaftsgliederung in hoffähige und nichthoffähige Menschen und all dem Hofklatsch und Hoftratsch, der jenen beiden Gesellschaftsklassen einen nie versiegenden Unterhaltungsstoff darbot –, alles dies ist Detmold nun nicht mehr . . .

Detmold war jahrhundertelang die Residenz der Grafen und Fürsten zur Lippe. Residenz, aber weiter auch nichts. Als Stadt stand es noch zu der Zeit, in der das stolze Schloß erbaut wurde, unter den 6 Städten des Landes an letzter Stelle . . .

Auch die alten Ständerbauten mit geschnitztem Gebälk können sich weder an Zahl noch an Schönheit der Schmuckformen mit denen Lemgos, Salzuflens, Blombergs und Schwalenbergs vergleichen. Aber, da sie fast allesamt an ein und derselben Straße, der Krummenstraße, stehen, so bewirken sie ein geschlossenes Gesamtbild von malerischem Reiz. Eine beachtenswerte Inschrift trägt Nr. 10: „Die mir nichts gönnen und mir nichts geben, müssen dennoch leiden, daß ich kann leben.“ Aus der Häufigkeit gerade solcher Sprüche an unsern alten Häusern darf man schließen, daß unsere Vorfahren unter dem Neide und der Mißgunst der lieben Nebenmenschen gewiß nicht weniger zu leiden hatten als wir . . .

Wir stehen hier am Eingang der Neustadt. Diese südliche Erweiterung der Altstadt unterscheidet sich stark von dem nach West, Nord und Ost liegenden neueren Stadtteilen. Sie ist älter und schöner als jene, ja, sie gehört zum Schönsten, was Detmold besitzt. Wie alles Schöne, dessen die Stadt sich rühmen kann, so verdankt sie auch diese Straßenanlage ihrem ehemaligen Fürstenhause . . .

1 Aus: Meier-Lemgo, Karl, Wanderfahrten durch Lippe, 2. Aufl. Lemgo: Wagener (o. J.), S. 37.

Das Haus Krumme Straße Nr. 20 ist heute Sitz der Volkshochschule. Der Hausflur strahlte um 1910 trotz aller Schlichtheit bürgerliche Wohlhabenheit aus.

Das Haus des Sattlermeisters Schuh, Krumme Straße Nr. 21. Um 1925.

Einst drängten sich diese Häuser hinter der Stadtmauer im Osten der Residenz in der Adolfstraße, wie sie sich vor einem halben Jahrhundert dem Betrachter darbot.

Im Westen war es die Bruchmauerstraße, in der die Häuser in der gleichen Enge beieinander standen.

Verkehrsverbindungen um 1870[1]

Um 1870 war Detmold noch nicht an eine Eisenbahnlinie angebunden. Doch als Hauptstadt Lippes bildete es schon damals einen Verkehrsknotenpunkt für Postkutschen. Nicht weniger als 8 Fahrrouten gingen von hier aus. Morgens um 7.15 Uhr rumpelte der erste gelbe Karren unter Hörnerklang aus der Stadt in Richtung Bielefeld. Etwa 3 Stunden später fuhr der Wagen nach Pyrmont ab. Mit dem Ziel Carlshafen über Steinheim und Höxter konnte man am Nachmittag abreisen, und nach Bückeburg über Rinteln wurde der Wagen erst abends um 21 Uhr abgefertigt. Einige Städte hatten mit Detmold auch zwei Reiseverbindungen täglich: Herford, wohin die Fahrt morgens und abends ging; Lemgo, das man morgens über Lage und abends über Brake erreichte, und schließlich Paderborn, wohin man die Reise um 7.00 Uhr und um 10.30 Uhr antreten konnte.

Bei der Festlegung der Abfahrzeiten hatte man sich bemüht, die Ankunft und Weiterfahrt der Wagen in den Orten, die schon eine Bahnverbindung besaßen, so zu legen, daß ein Anschluß an die Züge erreicht wurde. Doch galt ein Aufenthalt von 1 bis 2 Stunden zu jener Zeit noch als ein durchaus guter Anschluß.

Die Fahrtarife – man nannte sie „Personengeld" – waren nicht gerade niedrig. Man zahlte: nach Steinheim 16½ SGr. (Silbergroschen), Herford 22½ SGr., Bückeburg 1 Taler 12 SGr. und Pyrmont 1 Taler 4½ SGr. Vermögende Reisende hatten oft den Wunsch, durch Extrapost eine schnellere Verbindung zu erhalten. Solchen Wünschen konnte entsprochen werden. Dabei betrug die Gebühr in Detmold für jedes Extrapost-Pferd 10 SGr. pro Meile, wozu noch das Wagengeld kam (6 SGr. bei einer geschlossenen und 4 SGr. bei einer offenen Chaise je Meile). Schließlich war für den Postillon ein festes Trinkgeld in Höhe von 4 SGr. zu zahlen, das sich bei größeren Gespannen noch erhöhte.

1 Dargest. nach: Als noch von Detmold die Postkutsche fuhr, in: Vaterl. Blätter [N. F.], 1935, Nr. 15, vom 1. 9. 1935.

So schlicht war das Innere der kleineren Bürgerhäuser noch um 1910, wie dieses Foto von dem Flur des Hauses Exterstraße Nr. 14 zeigt.

Zum Verrotten abgestellt! Dieser Pferde-Bus brachte die Fahrgäste von 1880 bis 1900 vom Bahnhof in die Stadt (Marktplatz). Um 1900.

Wasserversorgung im 19. Jahrhundert[1]

Alt-Detmold wurde durch die Berlebecke (Kanal) mit Wasser versorgt. Vom Hornschen bis zum Lemgoer Tor verlief eine offene, zum Teil auch verdeckte Wasserrinne die Langestraße hinunter und mündete in den „Faulen Graben". Ihr entnahm man Trink- und Gebrauchswasser. Durch die obere Krummestraße und die Wehme hinunter zog sich eine Abzweigung, sodaß das Wasser in der Bruchstraße den Burggraben erreichte. Für die Beseitigung der Abwässer dienten in Stein gefaßte flache Gossen. Bis in die 80er Jahre hatten Viehhalter das Recht, Schlachtungen vor den Häusern vorzunehmen. So brachten Blut und anderer Unrat die Gossen zum Überfließen. Hierdurch entstand häufig ein unerträglicher Gestank in den Straßen, zumal diese durch das Vieh beim morgendlichen Weidegang und abendlicher Rückkehr durch Kot und Unrat zusätzlich verschmutzt wurden. Wenn auch eine wöchentlich zweimalige Säuberung vorgesehen war, ist leicht vorstellbar, welche Mengen an Abfall und Schmutz dem Faulen Graben und dem Schloßteich zugeführt wurden. Am stärksten verschmutzten den Burggraben aber die Insassen des Zucht- und Strafwerkhauses mit den Abwässern aus Bade- und Waschhaus und besonders den Aborten, von wo alle Fäkalien in den Schloßteich gelangten.

Die Freiwillige Feuerwehr ließ um 1900 dieses Foto anläßlich einer Übung machen.

Wohlhabende Bürger hatten im oder hinter dem Hause eigene Brunnen, die auch Nachbarn benutzten. Da sich bei stärkeren Regenfällen das überfließende Wasser der Gossen mit denen der Wasserrinnen oft vermischte, legten sich immer mehr Bürger eigene Brunnen an. Der 1894 vom Kaufmann Wittenstein in der Bruchstraße angelegte war der letzte dieser Art.

Um 1850 waren sämtliche Straßen mit einem Steinpflaster zu versehen. Doch war es nicht gelungen, alle Hauseigentümer zur Aufgabe ihrer vor dem Hause befindlichen Dunggruben zu bewegen. Noch zu Anfang des 20. Jahrhunderts gab es solche Kuhlen in der Krummen- und Bruchmauerstraße. Sie mußten nachts mit Bohlen abgedeckt werden.

Bei der vermehrten Anlage von Eigenbrunnen hatte man schon seit der Mitte des 19. Jahrhunderts die Wasserrinnen nach und nach beseitigt und für die ärmere Bevölkerung einige Standpumpen aufgestellt. Durch die Anlage eines Kanalnetzes (1893–1899) verschwanden dann auch die Abwassergossen, durch die die Stadt unter einer ständigen Ratten- und – im heißen Sommer – Fliegenplage gelitten hatte.

Nach der durchgeführten Kanalisation und der 1899 in Betrieb genommenen Wasserleitung fand die Verschmutzung der Gewässer ein Ende.

1 Dargest. nach: Schaefer, H. L., Als durch Detmold noch eine Wasserrinne floß, in: Lippische Landes-Zeitung, 1973, Nr. 77, vom 31. 3. 1973.

Von 1892 bis 1922 verfügte die Feuerwehr über eine dampfgetriebene – allerdings von Pferden gezogene – Feuerspritze.

Motorfahrzeuge mußten „Schritt fahren“[1]

Wer heute die fast ständig durch Detmold fahrenden Blechschlangen als ein gewohntes Stadtbild kennt und mit den Bestimmungen einer modernen Straßenverkehrsordnung vertraut ist, kann sich in die Zustände des Jahres 1900 nicht mehr hineinversetzen. Unser Jahrhundert hatte gerade begonnen, als die Meyersche Hofbuchdruckerei im März beabsichtigte, ihren Betrieb erstmals mit Kraftfahrzeugen auszustatten. Ihr Gesuch um Genehmigung wurde am 27. April 1900 von der Fürstlichen Regierung wie folgt beschieden:

„Auf das Schreiben vom 5. vorigen Monats betreff die Inbetriebstellung von 4 Kraftwagen zur Beförderung von Sachen und Personen, erwidern wir hiermit, daß wir das Fahren mit Kraftwagen auf den öffentlichen Straßen des Landes bis auf weiteres unter folgenden Bedingungen gestatten wollen:

1. An jedem Wagen muß eine schnell und sicher wirkende Bremse sowie vorne eine Alarmglocke und eine Laterne, die bei Dunkelheit den Weg auf eine Entfernung von 10 Metern übersehen läßt, angebracht sein.
2. Die Fahrtgeschwindigkeit darf 15 km in der Stunde an keiner Stelle überschreiten, in den Städten und geschlossenen Ortschaften ist sie auf 10 km und an einzelnen besonders verkehrsreichen Straßenecken, in Straßenkreuzungen und auf Strecken mit starken Gegenkrümmungen, namentlich bei Einfahrt von einem Straßenzuge in den anderen auf 6 km zu ermäßigen. Außerdem ist die Fahrtgeschwindigkeit zu ermäßigen:
   a) an denjenigen Stellen, wo polizeilich ‚Schritt fahren‘ angeordnet ist,

Im Jahre 1922 schaffte das Land Lippe die erste Motorspritze an und stellte sie der Stadt Detmold zur Verfügung. Als Besatzung posieren hier (von links): Schmiedemeister Wilhelm Beerensmeier, Maurermeister Fritz Quackenbrügger, Malermeister Paul Blome und als Fahrer der Schlosser August Frickel. Um 1922.

b) wenn ein Leichenzug oder ein Feuerlöschzug auf weniger als 50 Meter herangekommen ist.

Die Nichtbefolgung dieser Bedingungen hat die polizeiliche Einstellung des Betriebes zur Folge."

Vieles hat sich seither geändert, nur nicht das schlechte Behördendeutsch.

1 Nordrhein-Westfälisches Staatsarchiv Detmold – Sign. L 79 II Fach 122 Nr. 1 Vol. I. – Eine allgemeine Straßenverkehrsordnung für Lippe wurde erst am 23. 6. 1906 erlassen und trat am 1. 10. 1906 in Kraft.

Verkehrsunfall 1911

Detmold, 3. 8. 1911[1]: Eine der gefährlichsten Straßen für Radfahrer ist die neu erschlossene Steinstoßstraße (jetzt: Hans-Hinrichs-Straße). Die Radfahrer kommen auf dieser derart ins Fahren, daß schon mehrere Unglücksfälle erfolgt sind. Vor einigen Morgen fuhr ein hiesiger Schüler, der die Gewalt über das Rad verloren hatte, gegen einen auf der Straße befindlichen Akazienbaum, der durch die Gewalt des Anstoßes ausgerissen wurde. Auch der Schüler hatte verschiedene Verletzungen erlitten: Ihm war der Ledergürtel, den er trug, zerrissen, und außerdem klagte er über Brustschmerzen . . .

1 Aus: Lippische Landes-Zeitung vom 3. 8. 1911.

Eine Ansichtskarte aus dem Jahre 1907.

Atelier „Helios“, Hofphotograph

Detmold, Wall 15l und Weinbergstr. 19.

Spezialität: Lebensgrosse Portraits, Familien-, Vereins- u. Touristen-Gruppen.

Vergrösserungen in Aquarell, Oel, Pastell.

Feinste Ausführung. — Solide Preise.

Photographische Apparate. — Platten, Papier, Chemikalien.

Beste Qualität. — Billigste Preise.

B. Greive

17 Meierstr. 17.

En-gros-Lager

in

Fahrrädern und Nähmaschinen,

Wasch-, Wring- und Schreibmaschinen.

Reparatur-Werkstatt für Fahrräder und Motorfahrzeuge.

Benzin- und Autol-Station.

Eigene Emaillier-Werkstatt.

Fürstliche Hofschmiede

Detmold.

Inhaber **Hugo Preyer** Hofschmiedemeister,

Deutscher u. englischer Hufbeschlag.

Spezialität: Steckgriff-Beschlag und Gummieinlage.

(Gesetzlich geschützt.)

Hufloderkitteinlagen und sämtliche Präparate für Huf- und Beinpflege.

Anfertigung sämtlicher Schmiedearbeiten.

Aus: Adreßbuch der Stadt Detmold, Ausgabe 1904.

Wenn ein Eisenbahnzug erwartet wurde, füllte sich der Bahnhofsvorplatz um 1910 mit Fuhrwerken der Hotels und Taxameterdroschken.
Das Hotel „Kaiserhof“ bot sich in kleinstädtischer Eleganz den ankommenden Fremden dar.

Detmold erhält eine Straßenbahn[1]

4. Jan. 1900. Gestern sind auf dem hiesigen Bahnhofe zwei Wagen für die elektrische Bahn angekommen; die übrigen folgen demnächst. Die neuen Straßenbahnwagen machen einen sehr hübschen Eindruck. Sie sind rot und gelb angestrichen und am Vorder- und Hinterperron mit einer Glaswand versehen, die gegen das Wetter Schutz gewährt. Dem Vernehmen nach soll der Betrieb noch in diesem Monat eröffnet werden.

23. Febr. 1900. Gestern Vormittag wurden zum ersten Male Probefahrten durch die Straßen der Stadt bis zum Postamt unternommen. Das Resultat war sehr befriedigend.

28. Febr. 1900. Gestern Abend traf der Motorwagen Nr. 4 auf hiesiger Station ein. Morgen wird also die Eröffnungsfahrt mit 4 Wagen vor sich gehen können. – Gestern unternahmen die Gemahlin sowie die Söhne und Töchter des Grafregenten eine Fahrt mit der elektrischen Bahn nach Berlebeck und Hiddesen.

1. März 1900. Die elektrische Bahn nimmt heute ihren regelmäßigen Betrieb auf, nachdem heute Mittag die Eröffnungsfahrt erfolgt ist. Auf der Strecke Detmold–Berlebeck sind folgende Haltestellen vorgesehen: Kaiserl. Postamt, Theater, Ministerialgebäude, Rathaus, Hinrichs'sche Hofbuchhandlung, Lippischer Hof, Palais an der Neustadt, Neuer Krug, Obermühle, Zollhaus (Mausoleum), Kraftstation, Blauer Steg, Stockmeier (vor Heiligenkirchen), Wendiggensen, Watermeier, Gasthaus Schnatmann, Steinmeiers Mühle, Wächters Hof-Berlebeck. – Die Haltestellen

Die Firma Louis Glaser in Leipzig hat im Jahre 1907 diese Aufnahme zwecks Herausgabe einer Ansichtskarte gefertigt.

sind durch gelbe Schilder mit entsprechender Inschrift kenntlich gemacht.

12. März 1900. Die elektrische Bahn, die gestern und vorgestern wieder sehr stark benutzt wurde, hatte an beiden Tagen Unfälle. Am Sonnabend stießen bei der Kraftstation 2 Straßenbahnwagen zusammen; gestern kam bei der Obermühle ein Schienenbruch vor. In beiden Fällen war nur Materialschaden zu beklagen.

9. April 1900. Gestern verkehrten die elektrischen Straßenwagen zum ersten Male bis zum Bahnhof. An der Strecke Kaiser-Wilhelm-Platz–Bahnhof wurde noch in der Nacht von Sonnabend auf Sonntag gearbeitet. – Die neuen Wagen sollen in dieser Woche hier ankommen. Sie werden morgen von Dresden abgesandt.

1 Aus: Lippische Tages-Zeitung, 1900, Nr. 3, 46, 50, 51, 60, 84.

Ein „Ereignis" im Jahre 1900[1]

Der Hochzeitszug in der Elektrischen. Gestern Nachmittag ½ 2 Uhr kam am Marktplatz ein mit Girlanden und Fahnen geschmückter Motorwagen der elektrischen Bahn an. Der Wagen, der voll besetzt war, kam aus Hiddesen. Ihm entstiegen ein Brautpaar und zahlreiche Hochzeitsgäste, die sich in die reformierte Kirche begaben. Nach beendeter Trauung wurde der Wagen, der so lange am Marktplatz hielt, wieder bestiegen, und dann ging es „elektrisch" nach Hiddesen zurück.

1 Aus: Lippische Tages-Zeitung vom 31. 10. 1900.

Sonntags in der Langen Straße. Um 1924.

Detmold als neuer Wohnsitz[1]

Dem Wanderleben mußte endlich ein Ziel gesetzt werden. Man mußte einen Ort erwählen, um sich niederzulassen. Meine Mutter entschied sich für die Stadt [Detmold], wo meine älteste verheirathete Schwester lebte. Die Stadt, wo sie lebte, war eine jener kleinen deutschen Residenzen, welche die Hauptstadt eines Ländchens sind, das für einen englischen oder russischen Aristokraten nur ein mäßiger Grundbesitz sein würde. Es war eine kleine, hübsche, reinliche Stadt, . . . Mein Schwager war eine der ersten Notabilitäten des Ortes; seine Familie gehörte zu den ältesten der kleinen Aristokratie des Ländchens. Er war von Kindheit auf der Freund und unzertrennliche Gefährte des regierenden Herrn [Leopold II.] gewesen, und nichts in den öffentlichen Angelegenheiten geschah ohne seinen Rath.

Der regierende Herr des kleinen Staats war ein ehrlicher Mann, gut von Herzen, aber etwas beschränkten Verstandes, und von einer über alles Maß gehenden Schüchternheit, welche die Folge der langen Abhängigkeit war, in der ihn seine Mutter gehalten hatte . . . Der Älteste, nach dem Tod der Mutter zur Regierung gelangt, führte ein wahres Einsiedlerleben. Seine Frau war ein gutes sanftes Wesen, welche sich der gänzlichen Zurückgezogenheit und der strengen Lebensweise ihres Gatten unterwarf. Sie hatten viele Kinder und führten ein exemplarisches Familienleben. Ihr altes Schloß . . . war von Gärten umgeben, die auf den alten Wällen gepflanzt waren, und diese umschloß ein breiter Graben, auf dem Enten und Schwäne friedlich hausten. Von der öffentlichen Promenade aus konnte man die fürstliche Familie in diesen Gärten spazieren gehn sehen, aber niemals setzte ein Mitglied derselben einen Fuß in die Straßen der Stadt. Ein- oder zweimal im Jahr war ein Galadiner auf dem Schloß, zu dem auch die Damen, deren Rang sie zu dieser Ehre berechtigte, eingeladen wurden. An dem Tag, wo dieses große Ereignis stattfand, rollten die Hofwagen in der Stadt umher, um die Damen abzuholen, da die Toiletten sonst zu sehr gelitten hätten, weil es keine geschlossenen Wagen in der kleinen Stadt gab und man sonst in Gesellschaften, ja auch auf Bälle, zu Fuß ging. Diese Tafeln waren eine harte Aufgabe für den armen Fürsten; er mußte dann an all den Damen, die in einer Linie aufgestellt waren, vorüber defilieren und einer jeden wenigstens ein paar Worte sagen. Steif wie ein Stück Holz in seine Uniform eingeschnürt, die Lippen zusammengepreßt, stammelte er mit ungeheurer Anstrengung irgendeine Banalität über das Wetter oder über einen anderen ebenso unbedeutenden Gegenstand. Kaum hatte er eine Antwort erhalten, so schob er weiter und schien wie von einem ungeheuren Gewicht befreit, wenn er glücklich bei den Herren angelangt war.

1 Aus: Meysenbug, Malvida von, Memoiren einer Idealistin, Stuttgart 1876, Bd. 1, S. 46 ff. – Vgl. auch: Bergmann, A., Die Detmolder Kapitel in den „Memoiren einer Idealistin" . . ., in: Mitteilungen aus der Lippischen Geschichte und Landeskunde, Bd. 22, 1953, S. 38 ff.

Es war ein Schmuckstück in der Hornschen Straße (am Eingang zur Leopoldstraße): das v. Meysenbugsche Palais, wie es sich vor der Verschandelung in unserem Jahrhundert darbot (nach einer Zeichnung von Malvida v. Meysenbug. Um 1845).

„Fürstens“ aus Kinderaugen (1860)[1]

Luise Koppen (geb. 1855, † 1922), Tochter des Detmolder Generalsuperintendenten K., schildert das Leben in der kleinen Residenzstadt, in der sich alles um den fürstlichen Hof drehte, recht anschaulich. Zum Thema „Hof“ lesen wir unter anderem:

„Wir hatten in Detmold vier Gruppen von Fürstlichkeiten . . . Da war zunächst der Fürst (Leopold III.), in der Instruktionsstunde der Rekruten bezeichnet als ‚man nicht groß, aber sehr würdevoll‘, sodann die Fürstin (Elisabeth), ‚sie befleißt sich einer dunkeln Stimme‘, sodann die Prinzessinnen, des Fürsten Schwestern (Louise, Friederike u. Pauline), ‚sie sind umfangreich und haben stets Hunde bei sich‘. – Als vierte Gruppe kam noch die Schwägerin des Fürstenpaares, die Prinzessin Woldemar (Sophie), ‚sie ist übermenschengroß‘, die auch stets allein, nur von einer Hofdame begleitet, ausging. Da galt es aufpassen! Sobald eine der vier Gruppen sichtbar wurde, wurden wir sehr artig, warfen einen schnellen, schuldbewußten Blick auf die nicht immer einwandfrei gebliebenen Knopfstiefel, stellten uns an den Rand des Weges und tunkten (d. h. knicksten), daß die kurzen, steifgestärkten Kleider so ungefähr den Boden erreichten. Meist wurden wir angeredet, nur die Prinzessin Woldemar rauschte stets, mit einer allerdings sehr höflichen Verbeugung, an uns vorüber, und ihre liebliche Hofdame mit den großen schwarzen Augen, die wir reizend fanden, warf uns über die Schulter einen schelmischen, freundlichen Blick zu. Wer dem alten Hofe treu ergeben war, wurde vom ‚Thronfolgerpaare‘ glatt geschnitten, ob Kind, ob Greis. Wir machten uns gar nichts daraus, tauchten höflich weiter unter und schlugen uns dann wieder in die Wälder.“

1 Aus: Koppen, Luise, Kinderleben in einer kleinen Residenz, Berlin 1922, S. 72.

Fürst Leopold III. in einer Pony-Equipage. Aufnahme 1864. Im Phaeton rechts: der Fürst, daneben Hofmarschall v. Berenhorst; neben dem Wagen: Hofstallmeister v. Unger; Fahrer: Hofkutscher Meyer; vor dem Vordergespann: Sattelmeister Müller.

Serenissimus[1]

Hofluft wehte im alten Detmold und schuf eine Atmosphäre, die wie in den meisten kleinen Residenzen unseres damals an Monarchien so reichen Vaterlandes das Leben maßgeblich beeinflußte. Ein großer Teil der Bürgerschaft stand zum Hof in einem Abhängigkeitsverhältnis, sei es als beamtetes Mitglied des Hofstaates oder auch als Hofbediensteter. Auch die Geschäftswelt lebte mehr oder weniger vom Haushalt des Fürstlichen Hofes und war glücklich und stolz, wenn sie über ihren Ladentüren und Firmenschildern das goldstrotzende Wappen eines Hoflieferanten anbringen konnten.

Selbst die übrigen Bewohner der Stadt schieden sich in hoffähige . . . und in den weitaus größeren Teil, der dafür nicht in Frage kam. Zu den ersteren gehörten vornehmlich die höheren Beamten des Landes, die zum mindesten den Titel „Rat" führen mußten, mit ihren Damen und dem Offizierskorps des damals in Detmold stationierten Bataillons des Infanterieregiments 55.

Wenn für die Töchter dieser Familien der Tag nahte, an dem sie bei Hofe vorgestellt werden sollten, lebten sie wochenlang vorher in Aufregung und Erwartung und studierten und probten den tiefen Hofknicks immer und immer wieder nach allen Regeln der Kunst. Mütter und Töchter waren zutiefst besorgt, daß die Toiletten allen Vorschriften des Zeremoniells peinlich genau entsprachen. Wie „blamable" und unverzeihlich wäre es z. B. gewesen, wenn das Dekolleté zu tief oder zu klein gewesen wäre! Dann wieder waren Rangordnung und Platzverteilung von größtem Interesse bei allen Gesprächen.

An den festlichen Tagen standen wir dann wohl in respektvoller Entfernung und sahen der Auffahrt der Wagen zu – Autos gab es noch nicht –: wie die Diener den Wagenschlag aufrissen und goldbetreßte Lakaien oder vornehme Herren im ordenbesternten Frack und Offiziere in Gala den Damen . . . galant aussteigen halfen. Leises Lachen, Sporengeklirr und Säbelrasseln klang auf, die Fenster des Schlosses strahlten in hellem Licht, und wir hatten einen Blick in eine uns verschlossene Zauberwelt getan . . .

Ihre Hoheit die Fürstin hatten wir bereits aus nächster Nähe gesehen, wenn sie gelegentlich zu unserer Sonntagsschul-Weihnachtsfeier mit ihrer Hofdame erschien, an jeder Gruppe vorbeiging und an die wegen des hohen Besuches aufgeregten Sonntagsschultanten und -lehrer ein paar freundliche Worte richtete. Es war eine große, stattliche Dame von wahrhaft königlichem Aussehen, . . ., die den zur Zeit regierenden Fürsten Woldemar „mein kleiner Mann" nannte. Ob dieses Wort einen doppelten Sinn haben sollte, vermag ich nicht zu sagen. Jedenfalls wollte der „kleine Mann" gern ein ganz großer sein, denn er hatte Grundsätze und Gewohnheiten, die sich auch für den Zaren aller Reußen geeignet hätten. Mehr als einmal hörte ich von meinem Vater, daß für den Fürsten Woldemar in erster Linie die Hirsche, in zweiter die Pferde und erst in dritter die „Untertanen" kamen.

Wenn wir Kinder den Fürsten sahen, dann kam er gewöhnlich im leichten Jagdwagen, der von vier edlen Vollblutpferden gezogen war, den Büchsenspanner mit wallendem Federbusch neben dem livrierten Leibkutscher auf dem Bock die Ameide am Schloßgraben entlang gefahren und sauste über den Wall, wo außer ihm niemand fahren durfte, seinem Jagdschloß Lopshorn zu. Er war ganz einfach wie ein gewöhnlicher Jägersmann gekleidet und erwiderte unseren ehrfurchtsvollen Gruß ganz freundlich . . .

Jedes Jahr veranstaltete der Fürst eine große Pferdeauktion auf dem Schloßplatz in Detmold, zu der Pferdeliebhaber aus aller Welt kamen. Dort wurden die Tiere, die der Landesherr nicht selbst behalten wollte, meistbietend versteigert. Der Hofstallmeister leitete die Auktion, der Rechnungsführer des Marstalls stand mit einem Holzhammer auf einem erhöhten Podium, nannte Namen und Daten des Pferdes, während dieses von einem Reitknecht vorgeführt wurde, und nannte den Einsatzwert . . . in Doppelkronen. Dann wurde geboten.

Der Hofstallmeister als Vertreter des Fürsten behielt sich die Entscheidung darüber, ob das Tier zu dem letzten Gebot nach Hammerschlag des Auktionators auch abgegeben wurde, und so wanderten viele Senner mit ihrem neuen Besitzer nach England, nach Frankreich, nach Rußland, selbst über den Ozean in die Neue Welt . . .

1 Aus: Franzmeier, O., Land des Glücks. Kindheitserinnerungen aus einer kleinen Residenz, in: Lippische Rundschau, 1964, Nr. 100, vom 29. 4. 1964.

Der Hofstaat im Jahre 1875[1]

Die Familie des Lippischen Hochfürstlichen Hauses bestand 1875 aus 9 Personen: Der Fürst nebst Gemahlin, 3 unverheiratete Schwestern und 3 Brüder (davon 1 verheiratet), die teils das Schloß, teils die beiden Palais in der Neustadt und der Hornschen Straße (heute: Landesbibliothek) bewohnten. Drei Residenzen in einem Städtchen mit weniger als 7 000 Einwohnern, umgeben von einem Umland mit kleinbäuerlicher Landbevölkerung, die in kärglichen Verhältnissen leben mußte. „Deppel" nannte man die Stadt, die sich mit ihrer Vielzahl an Beamten so ganz anders ausnahm wie die vergleichbaren Städte Lemgo und Salzuflen. Zählte die Residenz auch 82 eingetragene Firmen, von denen sich ganze 6 in ihrer Bedeutung etwas heraushoben, so bildeten Uniform oder Gehrock mit Zylinder gemessen einherschreitender Hofschranzen doch ein unübersehbares Gegengewicht. Was allein hier in „Fürstens" Privatdiensten stand, verrät uns das Adreß-Verzeichnis jenes Jahres, wie es im Lippischen Kalender abgedruckt ist: Als Chef des Hofstaates fungierte 1 Hofmarschall. Außerdem standen dem Landesherrn unmittelbar zu Diensten: 1 Hofstallmeister, 3 Kammerherren, 1 Flügeladjutant und 1 Kammerdiener. Die Fürstin konnte über 1 Hofdame, 1 Kammerfrau und 1 Garderobejungfer verfügen. Für die drei Prinzessinnen standen 2 Kammerfrauen und 1 Garderobejungfer bereit.

August Kiehl, Hofkapellmeister in Detmold von 1845 bis 1862.

Dem Hofmarschall unterstand eine Anzahl weiterer Hilfskräfte: 1 Hofstaatskassen-Rendant, 1 Registrator, 1 Haushofmeister, 1 Küchenmeister, 1 Hoffourier, 2 Hofgärtner, 1 Hilfsgärtner für den Schloßplatz, 1 Gärtner für den Palaisgarten, 1 Mundkoch, 1 Hilfskoch, 2 Küchenlehrlinge, 4 Schloßmägde, 2 Silbermägde, 1 Konditoreimagd, 1 Küchenmagd, 4 Tituläre Kammerdiener, 1 Hofjäger, 4 Livreejäger, 1 Kammerlakai, 8 Hoflakaien, 2 Portiers, 10 Kalfaktoren, 1 Küchenknecht. Der Hofstallmeister gebot über den Marstall in Detmold und das Gestüt in Lopshorn. In der Residenz unterstanden ihm 1 Rechnungsführer, 1 Hoftierarzt, 1 Bereiter, 1 Futtermeister, 1 Wagenmeister, 1 Sattelmeister, 1 Bürodiener, 2 Hofkutscher, 6 Kutscher, 2 Hilfskutscher, 3 Reitknechte, 1 Stallbursche, 2 Wagenhalter, 1 Bahndiener (für die Reitbahn), 1 Hilfsdiener. Wie sich aus den vorstehenden Personen die Bedienung des Thronfolgers Prinz Woldemar und seiner Gemahlin sowie der beiden unverheirateten Prinzen gestaltete, ist aus dem Verzeichnis nicht erkennbar.

Ferner verdankten einer Liebhaberei des Fürstenhauses, der Hof-Kapelle, ihr Brot: 1 Hofkapellmeister als Direktor, 3 Kammermusiker, 27 Hofmusiker, 5 Hoboisten und 1 Orchesterdiener. 125 Personen waren also allein in Detmold für Herrschaft und Hof tätig. Und in einer Zeit, da das Standesbewußtsein mehr als ausgeprägt war, dürften sich die meisten von ihnen „mehr als ihre Brüder" gedünkt haben.

1 Aus: Fürstlich Lippischer Kalender nach dem verbesserten Styl auf das Jahr 1875 nach Christi Geb., Detmold (1874), S. 28.

Was man bei „Fürstens“ speiste! Man erfuhr es auf einer kronengeschmückten Menü-Karte.

Der Empfänger dieser Einladung ist auf dem Foto auf Seite 85 abgebildet.

Einladung
zum
Diner Seiner Durchlaucht des Fürsten
am 16ten Mai 1860 um 4 Uhr im Palais zu Detmold

Für Herrn Hauptmann Cronemeyer

Aus Fürstl. Hof-Marschall-Amte.

Im Falle des Nichterscheinens wird um Nachricht gebeten

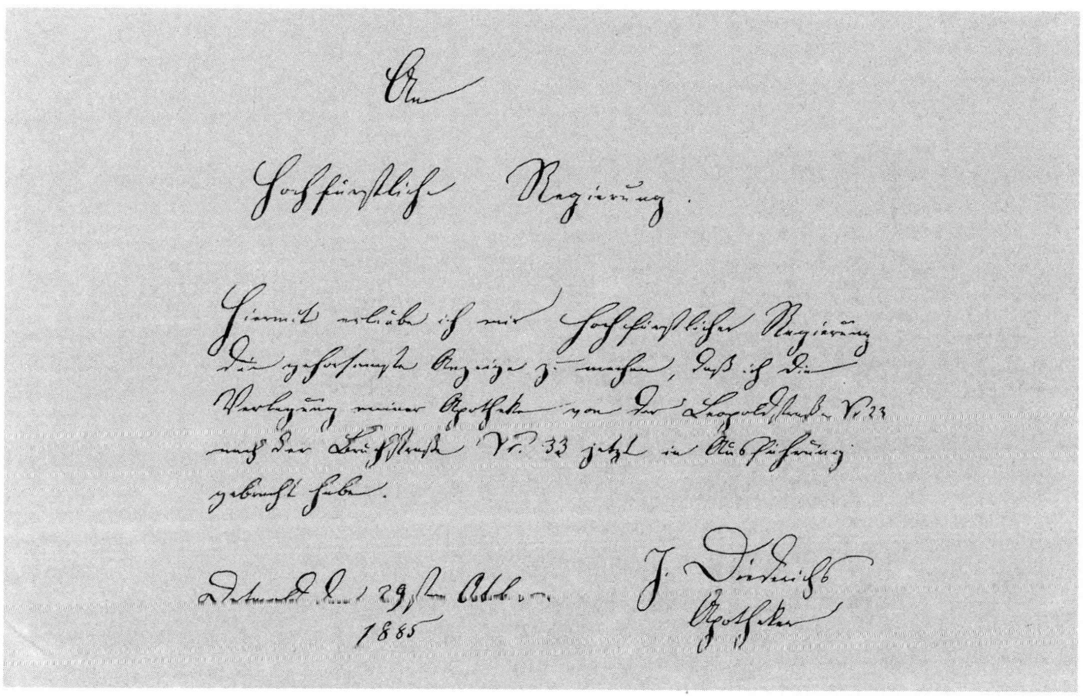
An

Hochfürstliche Regierung.

Hiermit erlaube ich mir Hochfürstlicher Regierung die gehorsamste Anzeige zu machen, daß ich die Verlegung meiner Apotheke von der Leopoldstraße Nr. 23 nach der Bruchstraße Nr. 33 jetzt in Ausführung gebracht habe.

Detmold den 29sten Octbr. 1885

J. Diedrichs
Apotheker

Noch heute findet man die alte Adler-Apotheke in diesem Haus.

Detmold, „das demokratische Nest“

Fürst Woldemar zur Lippe hat sich mit den modernen sozialen Bestrebungen seiner Zeit nicht abfinden können. Ein Zeugnis dafür geben zwei Aktenvermerke[1] wieder:

1. Als der Hofmarschall v. Ulmenstein seinem Landesherrn einen Bericht über die Wichtigkeit des Theaters für Detmold unterbreitet hatte, entschied Woldemar am 21. 8. 1877: „Es liegt nicht in meiner Absicht, in diesem Winter für Theater oder sonst etwas für Detmold an Geldopfer zu bringen. So lange es möglich ist, daß ein Landtagsabgeordneter im Landtag in der Residenz eine Rede hält, in welcher er die Absicht ausspricht, der fürstlichen Familie das Vermögen mit Gewalt zu entreißen, ohne daß ihm das Wort genommen ist, so lange eine solche Rede mit Bewunderung und Freude angehört wird, so lange dieser Abgeordnete dann ein Liebling der Residenz ist, so lange geschieht nichts von mir, merken Sie sich das. Detmold muß aus Schaden klug werden.“
2. Ein dutzend Jahre später bat der Gymnasialdirektor Dr. Anemüller den Fürsten im Namen des hiesigen Bildungsvereins um die Erlaubnis, für eine Veranstaltung des Astronomen Sophus Tromholt aus Norwegen die Räume des Theaters zu benutzen. Die Bitte wurde am 1. 9. 1890 wie folgt beschieden: „Ist abzulehnen. – Unter uns, das Nest hat sich durch schlechte Wahlen ausgezeichnet.“

1 Akten des Hofmarschallamtes „Korrespondenz zw. Fürst Woldemar und Hofmarschall v. Ulmenstein“ (L 98 Tit. 2 Nr. 12 Vol. 1).

Um 1880 war die Hofkapelle schon ein halbes Jahrzehnt „zur Disposition“ gestellt. Die pensionierten Hofmusiker dienten im Verein mit anderen Kollegen noch weiterhin ihrer Kunst, wie dieses in Bad Lippspringe aufgenommene Foto zeigt. Identifiziert werden konnten: in der Mitte stehend: August Döhnel (2. Violine); sitzend ganz links: Herz Hochfeld (1. Violine); dahinter stehend: Militärmusiker Heinrich Vorwerk.

Kaiserbesuch im September 1888[1]

25. 9. 1888 . . . Kurz vor 8 Uhr abends herrschte auf dem Bahnhofplatz lautlose Stille . . . Soweit das Auge nach der Richtung von Lage hin schauen konnte, waren die Berge in ein einziges Flammenmeer getaucht . . . Jetzt fährt die fürstliche Gala-Equipage vor, die Flügeltür des fürstlichen Bahnhofeinganges wird geöffnet. Da tritt der hohe Herr aus der Tür hervor, freundlich nach rechts und links grüßend. Ihm folgt Fürst Woldemar, sich ebenfalls verneigend. Alles ist das Werk einiger Sekunden, dann setzt sich der Gala-Wagen in Gang, und unter Hurra-Rufen nimmt derselbe seinen Weg durch das mit bunten Lampions versehene Spalier . . .

Im fürstlichen Schlosse angekommen, wurde Seine Majestät von Ihrer Großherzoglichen Hoheit, der Fürstin, empfangen . . . Im Schlosse fand um 9 Uhr Gala-Tafel statt, zu der außer den Hofkavalieren und den Damen die Spitzen der Behörden, die Stabsoffiziere des 55. Regiments, sämtliche Land- und Amtsgerichtsräte . . . geladen waren . . .

26. 9. 1888. Mit ehernem Schlage hatte die Glocke verkündet, daß noch 15 Minuten bis zur 4. Frühstunde fehlten, als sich das Tor vom Schloßplatze zur Ameide öffnete und ein leichter Jagdwagen, durch vier Braune gezogen, denselben verließ, um über den Wall und die Neustadt den Weg in den Teutoburgerwald einzuschlagen. Mit starker Hand leitete unser Fürst die Pferde. Ihm zur Seite saß der Kaiser im schmucken Jagdkostüm . . .

Einige Stunden später, und es begann ein Treiben, wie es Detmold seit langen Jahren nicht gesehen. Hunderte, ja tausende von Menschen waren von nah und fern herbeigeeilt, um des Deutschen Reiches jungen Kaiser zu begrüßen. Die Eisenbahnzüge am Tage vorher waren erdrückend voll gewe-

Das Rathaus im Festschmuck aus Anlaß des Besuches Kaiser Wilhelms II. am 25. und 26. September 1888.

sen, von allen Seiten fuhren Wagen in zahllosen Reihen in die Stadt . . . Eine wogende Menschenmasse wälzte sich in der Allee auf und nieder. Ein liebliches Bild bot der Platz vor der Turbine: Junge Damen unserer Residenz in duftigen Kleidern, geziert mit lippische und deutsche Farben tragenden Bändern . . . Nicht allzu lange und fernes Hochrufen verkündete, daß der Kaiser nahe . . .

Gegen 6½ Uhr abends begannen einzelne Häuser zu illuminieren, und kurze Zeit darauf prangte Detmold in einem Lichtmeer . . . Das Rathaus war dekoriert nach den Entwürfen des Stadtbaumeisters Heufer. In der Langenstraße sind in den Dekorationen als besonders vorzüglich und geschmackvoll zu bezeichnen die Häuser von Sonntag & Vos, Hofbuchhändler Hinrichs usw. . . .

Schon um 8 Uhr versammelten sich die Vereine auf der Paulinenstraße zum Fackelzuge . . . Wohl 3 bis 4 000 Menschen mögen sich beteiligt haben . . . Vor dem Schlosse waren auch die versammelten Lieder-Tafeln unter Leitung des Küsters Meyer aufgestellt . . . Gegen 10½ Uhr war die Festlichkeit vor dem Schlosse beendet, und die ganze Nacht hindurch herrschte ein großstädtisches Leben und Treiben in den Straßen und Restaurationen der Stadt . . .

1 Aus: Lippische Landes-Zeitung, 1888, Nr. 227, vom 26. 9. 1888.

Das 25jährige Regierungsjubiläum Kaiser Wilhelms II. wurde auch in Detmold entsprechend gewürdigt. Hier sieht man die Schaufensterdekoration der Firma Sonntag & Vos am Markt, die auf das Ereignis hinweist.

„Ihre kaiserliche Hoheit befahl"[1]

In jenen Monaten, als Prinz Adolf von Schaumburg-Lippe in Detmold residierte (März 1895 bis Juli 1897), zeigte seine Gattin Viktoria, eine geborene Prinzessin von Preußen und Schwester Kaiser Wilhelms II., der Bürgerschaft trotz ihres etwas zweifelhaften Lebenswandels „hoch-majestätische" Allüren, wie man sie anscheinend vom alten lippischen Fürstenhaus nicht gewohnt war. So gefiel es ihr, den in der Krummenstraße Nr. 14 wohnhaften Schuhmachermeister Conrad Grote – dem späteren 1. Vorsitzenden der hiesigen Handwerkskammer – mit der Übersendung eines Paares getragener Schuhe zu beauftragen und ein Paar neue Reitstiefel anzufertigen. Der Meister aber mußte aus naheliegenden Gründen dem berittenen Kurier gegenüber darauf bestehen, den Auftrag ohne Maßnehmen an der Person der Prinzessin nicht ausführen zu können. Allein diese ließ ausrichten, daß sie sich von einem einfachen Detmolder Schuhmacher keine Maße abnehmen ließe. Meister Grote hatte daraufhin abgelehnt, den Auftrag zu übernehmen. Wenig später erschien der Kurier jedoch erneut mit dem Bescheid: „Ihre kaiserliche Hoheit befiehlt dem Schuhmacher, im Schloß zum Maßnehmen zu erscheinen, und zwar in Frack, Zylinder und mit weißen Handschuhen." So kam Prinzessin Viktoria zu einem Paar neuer Reitstiefel.

1 Mitgeteilt von Frau M. Klingenberg, der Enkeltochter Conrad Grotes.

GOTT UND MEIN RECHT.

Auf Befehl Seiner Erlaucht des Graf Regenten
ist die von Höchstdemselben
gestiftete Medaille zur Erinnerung an den Tag Höchstseines
feierlichen Einzuges am 17. Juli 1897
dem Stadtverordneten
Herrn Professor Winkelsesser in Detmold
von dem Unterzeichneten übergeben worden.

Detmold im December 1897.

Der Staatsminister.

DRESDEN 22. JUNI 1897.

Eine frühe Auszeichnung für den späteren Ehrenbürger Detmolds.

Die Thronfolge ist streitig[1]

Am 20. März 1895 starb im 71. Lebensjahre unser Fürst Woldemar. Sein einziger noch lebender Bruder war geisteskrank und konnte die Regierung nicht übernehmen. Die Thronfolge ist streitig. Fürst Woldemar hatte vergeblich eine Verständigung über die Regentschaft mit dem Landtage versucht und daher testamentarisch den Prinzen Adolf von Schaumburg-Lippe als Regenten eingesetzt, jedoch bestritt der Landtag die gesetzliche Gültigkeit dieses Schrittes. Trotz dessen späterer Zustimmung hatte die Regierung beim Bundesrat beantragt, daß durch ein Reichsgesetz das Reichsgericht über die Thronfolge entscheide. Die Bevölkerung wünschte größtenteils, daß die Biesterfelder Linie die ersten Ansprüche habe.

Die Sonnenwende des Jahre 1897 brachte die Entscheidung der Thronfolge. Seine Majestät der König Albert von Sachsen und die von ihm berufenen sechs Reichsgerichtsmitglieder traten am 21. Juni 1897 im Residenzschlosse in Dresden zusammen, wo die Vertreter der Thronanwärter von morgens 11 Uhr bis abends gegen 6 Uhr vor dem Schiedsgerichte verhandelten. Am folgenden Tage von morgens 9 Uhr bis nachmittags 1½ Uhr beriet das Gericht den Schiedsspruch, der zunächst noch geheim gehalten wurde. Die bald darauf aufgetauchten Gerüchte, daß der Spruch zu Gunsten Seiner Erlaucht des Grafen Ernst zur Lippe-Biesterfeld ausgefallen sei, bestätigten sich, als am 8. Juli 1897 der Schiedsspruch den Parteien zugestellt wurde.

Am 10. Juli 1897 verließ der bisherige Regent, Seine Durchlaucht Prinz Adolf von Schaumburg-Lippe, zusammen mit seiner Gemahlin Prinzessin Viktoria Detmold . . . Jetzt übernahm der berufene nächste Agnat des Fürstlichen

Trauergefolge aus Anlaß der Beisetzung des am 20. März 1895 verstorbenen Fürsten Woldemar am 26. März.

Hauses, Seine Erlaucht Graf Ernst zur Lippe-Biesterfeld, die Regentschaft für den geisteskranken Fürsten Alexander. Der Einzug des neuen Regenten und seiner Hohen Gemahlin, Ihrer Erlaucht der Gräfin Caroline, fand in Begleitung der Hohen Familienangehörigen des erlauchten Paares am 17. Juli 1897 statt. Großartig war die Ausschmückung der Feststraße von der Landesgrenze in Schieder bis zum Residenzschlosse in Detmold, ehrerbietig und herzerhebend die Willkommensgrüße, die man ihnen in Stadt und Land entgegenbrachte! . . .

1 Nach: Fürstl. Lippischer Kalender auf das Jahr 1896, S. 25, und 1898, S. 23.

Detmolder Reimer[1]

Am Tage des Einzugs des Fürsten Leopold III. mit seiner jungen Gemahlin in Detmold am 23. April 1852 hatte der Tischler Nagelitz an seinem Hause zwei Begrüßungstafeln mit selbstgemachten Versen angebracht.

Erbsen und Lins'chen,
Bring uns ein Prinzchen;
Sollt's 'ne Prinzessin sein,
Würd's uns nicht minder freu'n!

Und auf der zweiten Tafel:

Oh, wie würd' ich lachen,
Wenn ich dem Fürsten eine Wiege könnt' machen!
Dieser Witz – ist von Nagelitz!

1 Aus: Teutoburger Blätter, 1922, Nr. 12, vom 25. 3. 1922.

Ehrenbogen sind ein Lieblingsschmuck für die Stadt gewesen, wenn ein neuer Herrscher seinen Einzug hielt. Hier sieht man eine Ansicht des Hornschen Tores aus Anlaß des Einzuges des Grafregenten Ernst am 17. Juli 1897.

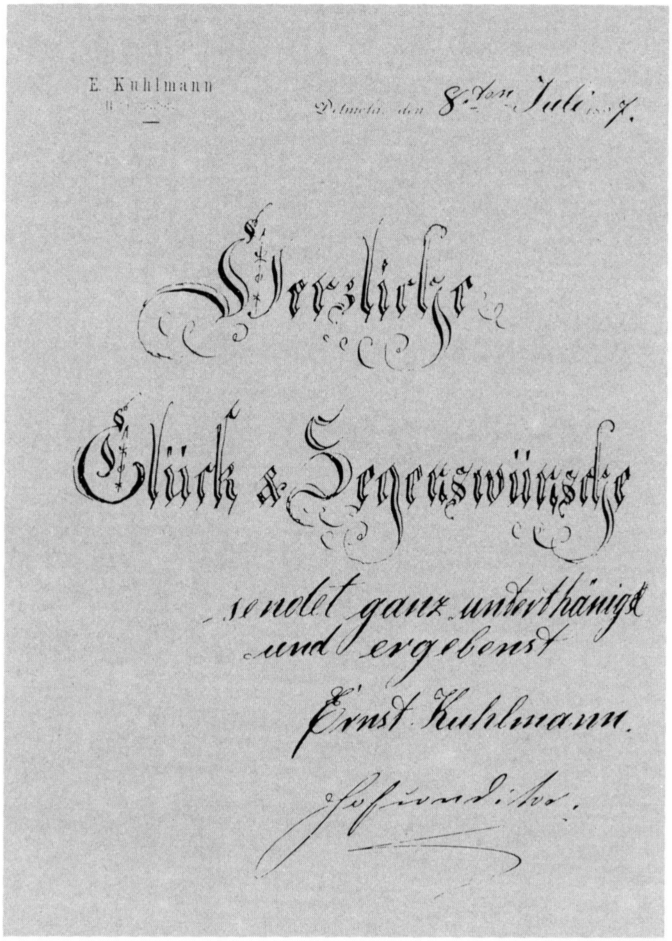
E. Kuhlmann

Detmold, den 8ten Juli 1897.

Herzliche

Glück & Segenswünsche

sendet ganz unterthänigst
und ergebenst

Ernst Kuhlmann.

Hofbuchbinder.

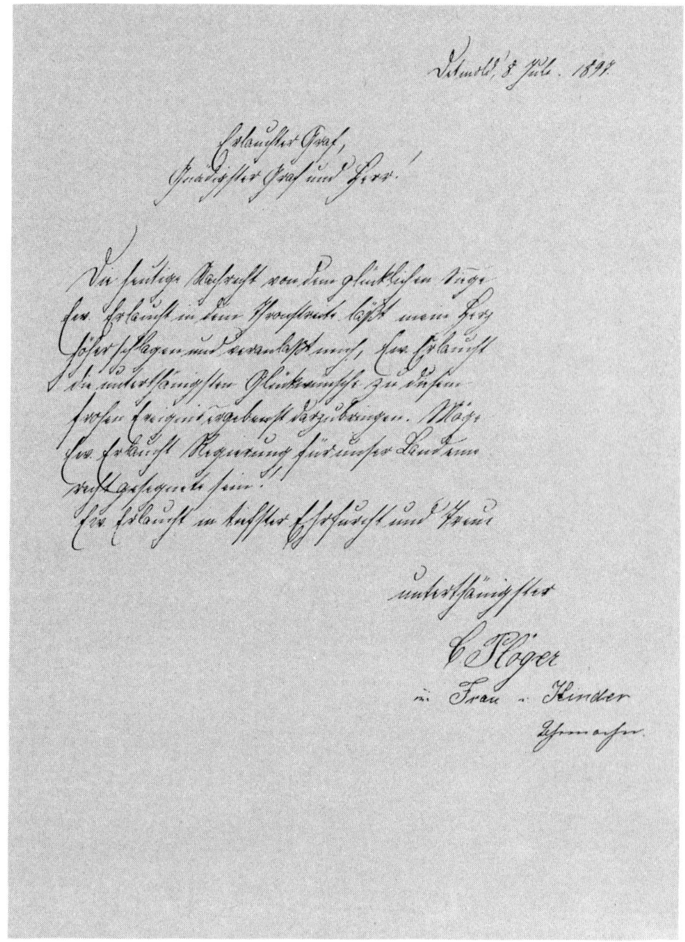
Detmold, 8 Juli 1897.

Erlauchter Graf,
Gnädigster Graf und Herr!

unterthänigster

C. Plöger
u. Frau u. Kinder

Auch der einfache Bürger zierte sich nicht, seinem Landesherrn persönlich zu schreiben. Hier sieht man zwei Beispiele des letzten Endes schlichten Verhältnisses zwischen Bürger und Landesherrn. Die Glückwünsche galten der Regierungsübernahme durch den Graf-Regenten Ernst. (Aus: NW Staatsarchiv Detmold, L 98 Fach 2 Tit. 13, Vol. II.)

Ganz Detmold hatte Festkleidung angelegt, als Graf Leopold (später Fürst Leopold IV.) am 21. September 1901 seinen Einzug hielt. Hier sieht man die Lange Straße vor dem Eingang zum Schloßpark.

Zu Ehren des Grafen Leopold (später Fürst Leopold IV.) fand aus Anlaß seines Einzuges in Detmold am 21. September 1901 auch ein Radfahr-Korso statt.

Der Einzug des Grafen Leopold (später Fürst Leopold IV.) mit seiner jungen Frau in Detmold am 21. September 1901 war für die Stadt ein besonderes Ereignis. Graf Leopold bezog damals das Palais in der Neustadt, das hier im derzeitigen Girlanden-schmuck zu sehen ist.

Graf Leopold (später Fürst Leopold IV.) begibt sich auf eine Ausfahrt zusammen mit seinem Vater, dem Graf-regenten Ernst (auf dem Foto um 1903 verdeckt). Zweiter von links: Kammer-diener Adolf Beuels (später Haushofmeister).

Einzug des Fürsten Leopold IV. in Detmold und Begrüßung durch den Oberbürgermeister Robert Wittje am „kleinen Markt“ (Ecke Schülerstraße) am 5. November 1905 nach beendetem Thronfolgestreit.

Die Hofhaltung Fürst Leopolds IV. (Mitte) wurde im Mai/Juni 1909 erstmals mit zwei Kraftwagen („Landaurets“) von der Bielefelder Automobilfabrik (vorm. Dürkopp & Co) ausgestattet. Freude an der neuen Errungenschaft scheint zu dieser Aufnahme geführt zu haben. Als Kraftfahrer ist der frühere Reitknecht Rohlfs zu sehen.

Im Jahre 1901 hatte das Personal der fürstlichen Hofhaltung Gelegenheit, diese Gruppenaufnahme machen zu lassen. Es sind dieses: 1. Livreejäger David Sulzbacher, 2. Lakai Julius Plöger, 3. Türhüter Heinrich Sieweke, 4. Büchsenspanner Wilhelm Disse, 7. Haushofmeister Simon Kreie, 10. Kammerdiener August Multhaupt, 11. Leibjäger Karl Schultz, 12. Fürstl. Jäger Mathias Bachler, 13. Kammerdiener Adolf Beuels, 14. Kammerdiener Heinrich Onckels, 15. Kammerdiener Friedrich Fink, 20. Kammerdiener Adolf Lücke, 21. Kalfaktor August Möllenbrok, 23. Kalfaktor Gottlieb Wächter, 25. Kalfaktor Hermann Busch, 27. Kalfaktor Heinrich Klöpper, 28. Mundkoch Max Bertram, 30. Schlachtermeister Simon Kate, 31. Kalfaktor Ludwig Schnatmann, 34. Fürstl. Diener Heinrich Hildebrandt, 35. Hoflakai Wilhelm Köhler, 36. Schloßverwalter Brenker in Schieder. (Die restlichen Personen konnten nicht identifiziert werden. Es gehörten noch zur Hofhaltung: Hofstaatskassen-Rendant Gustav Solveen, Hoffourier Adolf Fleege und die Tit. Kammerdiener Emil Schlepper, Heinrich Trompeter, Wilhelm Kesting und Heinrich Schulze.)

Angehörige der Hofverwaltung haben sich hier um 1914 im Schloßkeller – in der sogenannten „feuchten Ecke“ – versammelt. Es sind zu erkennen: vorn sitzend: Haushofmeister Adolf Beuels; vorn links: Fürstl. Kalfaktor Julius Plöger; ganz rechts: Fürstl. Leibkoch Max Bertram; im Hintergrund von links: 1. Hoffourier Multhaupt, 2. August Düstersiek, 3. Fürstl. Bauverwalter Fritz Multhaup(t); rechte Seite: 4. Büchsenspanner Disse, 5. Hofrentmeister Beermann, 6. N.N.

Der Hofball, ein Ärgernis?[1]

Im November 1871 veröffentlicht die Lemgoer „Sonntagspost“ die Zuschrift eines Detmolder Einwohners, der sich seine Gedanken über das Leben am Hofe gemacht hat:

Wie öfters in früheren Jahren wurde auch die diesjährige Wintersaison hier mit einem großen Hofballe in den Räumen des alten Residenzschlosses eröffnet. Die Erwartung dieses für unsere Verhältnisse bedeutsamen Ereignisses und die Vorbereitung darauf hatte unsere junge Damenwelt in eine fast fieberhafte Aufregung versetzt und alle Kräfte unserer Kleider-, Putz- und Haarkünstlerinnen vollständig erschöpft. Dem Vernehmen nach soll eine sehr große Zahl von Einladungen versandt und die Festlichkeit selbst höchst befriedigend und glänzend ausgefallen sein. Aufgefallen ist dabei dem hiesigen Publikum, daß einige unserer wegen Tüchtigkeit, Gewissenhaftigkeit und redlichen Charakters allgemein geachtete Zivilbeamte dort vermißt sein sollen. Der Forschungsgeist unserer kleinen Residenz müht sich, den Grund dafür zu entdecken. Man ergeht sich in allerlei Vermutungen. Der eine wittert Intrigen, Verleumdungen und dergl.; andere meinen sogar, die Jagdwirren hätten ihre Schatten bis in diese ihr fremden Verhältnisse geworfen. Es läßt sich jedoch nicht übersehen, daß durch dergleichen Dinge der auch hier herrschenden Mißstimmung neue Nahrung zugeführt wird. Zwar dürfte es kaum gelingen, das Geheimnis zu enthüllen. Doch kann man annehmen, daß sich die fraglichen Personen durch solche Kleinstädtereien nicht beirren oder inkommodieren lassen werden.

1 Aus: Die Sonntagspost, Jg. 1871, vom 26. 11. 1871.

Im Fürstlichen Theater in Detmold.
Sonntag, den 24. Oktober
unwiderruflich die letzte große
Brillant- und Abschieds-Vorstellung
vom Prof. Böning.
In dieser Vorstellung wird die Enthauptung einer lebenden Person auf das Täuschendste auf freier Bühne ausgeführt, wie es bis jetzt noch kein Künstler gezeigt hat, nicht wie bisher auf einem Tisch, sondern, wie obiges Bild zeigt,
frei auf einem Stuhl.
Cassenöffnung 6 Uhr. Anfang 7 Uhr. — Alles Nähere durch die Zettel.
Zu dieser meiner Abschiedsvorstellung sind die Preise der Plätze folgende:
Geschlossene Loge I. Rang, Parquet-Loge 1,50 M. Parquet 1 M. II. Rang und Parterre 75 ₰
Amphitheater 60 ₰. Gallerie 30 ₰.
Billets sind von Morgens 10 bis 1 Uhr, Nachmittags 3 bis 5 Uhr im Theater-Bureau und Abends an der Kasse zu haben.
Um zahlreichen Besuch zu dieser Abschieds-Vorstellung bittet
E. Böning, Professor aus Dresden.

Die Anzeige im „Lippischen Volksblatt“ vom 23. Oktober 1880 zeigt uns, daß schon vor 100 Jahren makabre Zauberstückchen wie „Das Enthaupten einer lebenden Person frei auf einem Stuhl“ ihre Anziehungskraft hatten, auch auf das Detmolder Publikum.

Hofball in Detmold[1]

Ich träume als Kind mich zurücke
Und schüttle mein greises Haupt.
Wie sucht Ihr mich heim, Ihr Bilder,
Die längst ich vergessen geglaubt.

Chamisso

Das größte gesellschaftliche Ereignis Detmolds war vor dem ersten Weltkrieg der Hofball. Alle Jahre wieder, so gegen Ende Januar, gab der Fürst zur Lippe seinen getreuen Untertanen dieses Fest. Natürlich konnte er sie nicht alle einladen, denn es waren immerhin mehr als 150 000. So kamen nur die „höheren Stände", die sogenannten „Hoffähigen" dafür in Betracht. Hoffähig aber waren nach damaliger Anschauung und Gepflogenheit nur Adlige, Offiziere einschließlich der Reserveoffiziere und Staatsdiener, die ein abgeschlossenes Studium an einer Hochschule aufzuweisen hatten. Doch auch diese Auserlesenen konnten auf eine Einladung zum Hofball nur dann rechnen, wenn sie ihren Landesherrn zu Neujahr beglückwünschten und sich zu diesem Zweck in eine Liste eintrugen, die beim Schloßpförtner auslag.

Auch ich, damals ein junger und tanzfreudiger Referendar, hatte es nicht unterlassen, meinem angestammten Fürsten und Dienstherrn ein gesegnetes neues Jahr zu wünschen, und so flatterte denn nach wenigen Wochen vom Hofmarschallamt eine mit der Lippischen Rose geschmückte Einladung in meine Junggesellenwohnung.

Als sich mir im Schloss der große Festsaal öffnete, erblickten meine Augen – von Maskenbällen abgesehen – wohl das bunteste Bild ihres Daseins. Selbstverständlich hatte ich erwartet, den Schauplatz der größten höfischen Veranstaltung prächtig ausgestattet zu sehen mit Fahnen- und Blumenschmuck und auch mit den berühmten Gobelins des Lippischen Fürstenhauses. Ich hatte auch angenommen, daß die Damen in ihren duftigsten Gewändern, nach Hofsitte tief ausgeschnitten und behangen mit ihrem besten Schmuck funkelnd von Brillianten und Perlen, zu diesem Ball gehen würden. Aber der Farbenglanz, in dem die Herren erschienen waren, überstieg alles, was ich bis dahin gesehen hatte. Die paar schwarzen Fräcke, die getragen wurden, verschwanden geradezu unter der Menge von über hundert strahlenden Uniformen. Sie sahen aus wie einige Krähen unter lauter Goldfasanen, Aras und Paradiesvögeln.

Sämtliche Offiziere einschließlich der Reserveoffiziere waren in großer Hofuniform, das heißt mit goldenen Epaulettes (Engelsflügeln!) und mit breiten roten Streifen an den Hosen, gekommen, so daß auch der jüngste Reserveleutnant wie ein aufgeputzter Kriegsgott aussah. Am allerherrlichsten aber waren die Kavallerie-Offiziere.

Zum Entzücken der Detmolder jungen Damen, die bei allen sonstigen Bällen über Tänzermangel zu klagen hatten, waren nämlich nicht nur unsere braven Fünfundfünfziger, sondern auch das Regiment, in dem der Fürst Dienst getan hatte, die 3. Garde-Ulanen eingeladen, und außerdem noch die 8. Husaren und die Offiziers-Reitschule in Paderborn. Alle diese Truppenteile hatten eine Anzahl tanzfreudiger Herren in höchster Gala entsandt. Die langen schlanken Ulanen mit roten oder weißen Brusteinsätzen, je nach der Farbe ihrer Kragen, schritten einher wie Märchenprinzen, und die kleineren, mehr puppigen Husaren in ihren silberverschnürten Attilas sahen glänzend aus und brachten jedes Mädchenherz zu schnellerem Schlagen.

Selbst unsere Lippischen Regierungs-, Land- und Amtsgerichts-Räte verstärkten die Buntheit des Bildes. Sie trugen nämlich die von Fürst Leopold III. befohlenen – und auch von ihm gestifteten – Hofuniformen. Blaue Fräcke mit roten, goldbestickten Kragen und Ärmelaufschlägen spannten sich über meist recht rundliche Leiber, während die Beine in weißen Tuchhosen mit breiter goldener Tresse prangten. Dazu gehörte schwarzer, mit großer gelbroter Kokarde verzierter Zweispitz und Degen!

Am merkwürdigsten, weil nur ein einziges Mal in meinem Leben gesehen, erschien mir ein Herr in Maltesertracht: Langer roter Überrock, weiße Reithose und Kürassierstiefel mit talergroßen Anschnallsporen. Das Ganze stand dem stattlichen Mann zwar recht malerisch, war aber wohl zum Tanzen nicht recht geeignet.

Als nun die Ballgäste versammelt waren, öffneten sich langsam und feierlich die Flügeltüren des Nebengemachs, und hervor trat zunächst der Herr Oberhofmarschall

v. Loos, prächtig mit Schärpe und hohen Orden geschmückt. Er stieß mit einem Ebenholzstabe dreimal auf den Fußboden und verkündete mit lauter Stimme: „Seine Durchlaucht der Fürst und Ihre Hoheit die Fürstin!“ Tief verbeugten sich alle Herren, und die Damen versanken in einen – vorher oft geübten – feierlichen Hofknicks, als nun das hohe Paar gnädig lächelnd und kopfnickend eintrat. Gefolgt von einem Schwarm fürstlicher Gäste, Kammerherren und Flügeladjudanten, schritt es durch den Festsaal zu einem anstoßenden Nebensaal, wo es auf einem Hochsitz Platz nahm. Dort wurden ihm zunächst die Neulinge vorgestellt, die zum ersten Male am Hofe erschienen, und dann – ja dann setzte die Kapelle der Fünfundfünfziger unter Stabführung des stadtbekannten Musikdirektors Hubert mit einem schwungvollen Walzer ein. Der Ball begann! Getanzt wurde hauptsächlich Walzer, gelegentlich abwechselnd mit Rheinländer oder Polka. Und obgleich der Walzer schon soweit aufgelokkert war, daß man ihn in der besten Gesellschaft auch einmal „Linksherum“ tanzte, achteten die Tanzordner, Leutnants vom Reg. 55, streng darauf, daß bei Hofe nur Rechtsherum getanzt wurde. Durch das ständige Rechtsherum geriet man leider, besonders wenn man eine lebhafte Tänzerin hatte, leicht in einen Drall, der beinahe schwindelerregend wirkte.

Höhepunkt der ersten Hälfte des Balles war die Quadrille à la cour, ein Figurentanz, der jeweils von vier einander gegenüberstehenden Paaren nach französisch gegebenen Kommandos im Gleitschritt getanzt wurde. Obgleich ich seither niemals wieder Quadrille getanzt habe, sind mir die beschwingte Melodie (aus der Fledermaus!) und die Kommandos „Reverence à vos Dames, Moulinet des Dames und Grande Promenade“ bis heute im Ohr geblieben.

Nach der Quadrille gab es eine Pause, in der in drei verschiedenen Räumen gegessen wurde. Im ersten Zimmer tafelten die „Großkopfeten“, nämlich die Angehörigen der

Auf Höchsten Befehl
Seiner Hochfürstlichen Durchlaucht des Fürsten
und Ihrer Hoheit der Fürstin
hat der Oberhofmarschall die Ehre
Herrn Landforstmeister Baldenecker
und Frau Gemahlin
zum Gala Hofballe im
Fürstlichen Residenz Schlosse zu Detmold
am 22. Januar 1913 um 7½ Uhr einzuladen.

Um Antwort an das Hofmarschallamt wird gebeten

Anzug der Herren: Militär: Gala Anzug. Beamte: Gala, weiße Beinkleider. Civil: Frack, weiße Binde.
der Damen: lange, ausgeschnittene Kleider.

Eine Einladung, die den einen entzückte, den anderen vielleicht verärgerte.

fürstlichen Familie mit dem Staatsminister, den Regimentskommandeuren und den Landgerichts- und Kammer-Präsidenten. Im zweiten Zimmer unter Vorsitz des Oberhofmarschalls saßen die etwas weniger Bedeutenden, wie Regierungs- und sonstige Räte sowie Majore und Hauptleute, jeder mit einer Tischdame, soweit der Vorrat reichte. Das Rudel der jungen Assessoren, Referendare und Leutnants, für die keine Damen mehr vorhanden waren, wurde unter Aufsicht des Landforstmeisters abgefüttert. Es gab Wildsuppe, Wildschwein in Cumberland-Sauce und Hirschbraten. Offenbar war der Fürst vor dem Hofball als sorgsamer Familienvater in seine lebendige Fleischkammer, den Teutoburger Wald, gegangen und hatte einige Damhirsche sowie ein Wildschwein umgelegt. Zum Essen wurde uns Jungen ein leichter Mosel gereicht; ob die „Großen" eine bessere Marke tranken, weiß ich nicht.

Nach dem Essen wurde der Ball fortgesetzt. Selbstverständlich hatte jede Dame eine mit der Lippischen Rose verzierte Tanzkarte, auf der sich die Herren für die einzelnen Tänze vormerken mußten. Wer nicht rechtzeitig auf dem Posten war und sich eintrug, blieb ohne Tänzerin und stand als Mauerblümchen in einer Ecke des Saals, denn Sitzgelegenheiten gab es nur für ältere Damen, die nicht mehr tanzten.

Als Glanzpunkt des ganzen Abends wurde dann Kotillon getanzt. Dieser Tanz besteht oder bestand in einer ganzen Reihe von kurzen „Touren", die meist als Walzer getanzt wurden. Zu jeder Tour forderten die Herren durch Überreichung eines Blumenstraußes auf und wurden dafür von ihrer Dame mit einer Schleife geschmückt. Natürlich gab es einen fröhlichen Wettstreit, wer zum Schluß am meisten Sträuße bzw. Schleifen geerntet hatte. Vor dem Kotillon schleppten Lakaien ganze Schachteln mit gelbroten Schleifen in den Saal und auch einige Wappenschilder, auf denen die schönsten Blumensträuße kunstvoll angeordnet waren. Selbstverständlich boten sie ihre Sträuße zuerst den Prinzen und darauf den hochadligen Kavallerie-Offizieren an, die sich alle recht reichlich versahen. Als schließlich der bescheidene bürgerliche Referendar zugreifen konnte, war nur noch ein bräunlicher Strunk mit drei halbwelken Röschen übriggeblieben. Mit dem Mute der Verzweiflung eilte ich mit diesem kümmerlichen Gesträuch zu der Erkorenen meines Herzens, um wenigstens einen Tanz und eine Schleife zu erringen. Sie hatte schon drei Tänze getanzt und drei wunderschöne Sträußchen bekommen, darunter sogar eines von einem leibhaftigen und noch dazu bildhübschen Prinzen. Deshalb erntete ich für meine bescheidene Gabe nur ein entrüstetes: „Na, etwas mehr hättest du dich aber für mich anstrengen können!" – Ich erhielt aber schließlich doch meinen Tanz und meine Schleife!

Nach dem Kotillon folgte bald der Schlußgalopp, und damit war die Tanzerei, aber noch nicht der Ball beendet. Auf Anweisung der Tanzordner bildeten nämlich sämtliche Tanzgäste, sich an den Händen fassend, drei lange Ketten, die sich nach dem Takte der Musik auf das Fürstenpaar zu bewegten. Dort angelangt, spielte die Musik ein deutliches „Danke schön", wozu sich alle tief verneigten. So ging es dreimal vor und zurück mit immer wiederholtem „Danke schön".

Damit war Schluß! Die Gastgeber begaben sich in ihre Privatgemächer, und die Gäste gingen nach Hause, wo die jungen Mädchen noch die ganze Nacht selig von ihren Ballerfolgen träumten.

1 Von Theopold, Arnold, in: Der Leopoldiner, Jg. 1958, S. 8–12.

Detmolds Residenzschloß, wie es Anfang 1920 einem Dornröschenschloß ähnelte.

Offiziersleben in Detmold nach 1870[1]

Der Gymnasiallehrer Dr. Bernhard Winkelsesser hinterließ in seinen persönlichen Aufzeichnungen auch einige Mitteilungen über das Garnisonleben – vornehmlich der Offiziere – in Detmold zum Ende des 19. Jahrhunderts. Deswegen lassen wir ihn berichten:

„Die Detmolder Familien waren durch Verwandtschaft, Interesse oder Zuneigung alle irgendwie miteinander verbunden und schlossen sich dem Fremden erst nach und nach auf seit der Veränderung des Jahres 1866 und der folgenden, da die preußische Garnison in das alte Stilleben eindrang und der ruhmgekrönte preußische Leutnant gesellschaftlich die erste Rolle zu spielen anfing. Die allgemeine Dienstpflicht und der Offizierstand wirkten auch in den kleinen Staaten für die deutsche Einigung, indem sie die geselligen Verhältnisse beeinflußten. Die jungen Damen und die älteren dazu schwärmten jetzt auch in den kleinen Residenzen für die Uniform, welche ihre Eltern hier noch für ziemlich müßiggängerisch angesehen hatten, und der sogenannte ‚erste' Stand redete in der Unterhaltung und in den stillen Herzenshoffnungen stark mit. Erst in neuester Zeit scheint ja diese Vorliebe für das doppelte Tuch, die auch in die bürgerlichen Erwerbszweige eingedrungen [war], wieder zu verblassen, wohl weniger, weil der Sinn für die Schönheit der Uniform nachgelassen hat, als weil der Offizierstand kostspieliger wird und seine Aussichten nicht verführerisch genug sind.

Ich nahm persönlich an den Gnaden, die dem Offizier vom Publikum gegönnt werden, mein bescheidenes Teil, seitdem ich im Jahre 1875 Reserveleutnant beim 55. Regiment geworden . . . Ich machte die vorgeschriebene Übung zur Beförderung im Frühjahr 1875 bei der 9. Kompanie des 55. Regiments unter einem Hauptmann Hilja, den ich aus dem Gasthofsverkehr schon kannte . . . Hilja selbst war zu sehr Feldsoldat und vornehm leichtlebig, um sich mit dem Dienst mehr als notwendig zu befassen. Das besorgten seine Unteroffiziere und ein und der andere eifrige Leutnant . . . in Abwesenheit des Hauptmanns . . .

Überhaupt habe ich im Offizierkorps der 55er die besten Freunde gefunden, obschon ich niemals Gesellschaftsmensch wurde . . . Ich habe dabei die Beobachtung gemacht, daß mit den Offizieren adliger Herkunft am besten zu verkehren war, wenn man sich ihnen gegenüber nichts vergab. Die bürgerlichen Leutnants innerhalb eines überwiegend adligen Offizierselements – die 55er hießen aus diesem Grunde die westfälische Garde – spreizen und brüsten sich vielfach und wollen in Äußerlichkeiten vornehm sein, z. B. räsonnieren sie noch mehr als die anderen über das Essen im Kasino, als ob sie von Jugend auf an exquisite Küche gewöhnt seien, und was dergleichen Narrheiten mehr sind. Dasselbe gilt übrigens von vielen Reserveoffizieren, die immer mit feinen Weinen, Bowlen, Ausfahrten etc. bei der Hand sind, als ob sie im Gelde schwämmen, auch wenn sie in ihrer Zivilstellung keineswegs glänzend situiert sind . . .

Daß ich aus meinem Reserveleutnant auch gesellschaftlichen Nutzen hatte, deutete ich schon oben an. Ich bin nicht einmal sicher, ob ich ohne das zu meiner Frau gekommen wäre, indem die Offizierepauletten gewiß in den Augen meiner Frau und der nahestehenden Familien die von mir niemals ohne Aufforderung berührte Herkunft aus dem unbekannten Hinterpommern zudeckten: Ein Offizier müßte doch von Familie sein. In Detmold war dazu der Reserveoffizier damals noch eine seltene Spezies, weil die allgemeine Wehrpflicht in Lippe erst wenige Jahre alt, und unsere Gymnasiasten waren auch nicht gewohnt, ihre Lehrer im bunten Rock und beim Parademarsch zu sehen. Als ich das erste Mal als Unteroffizier zur Detmold Hauptwache zog, begleitete mich die ganze Schule mit höchstem Interesse."

1 Nach einer Aufzeichnung von Winkelsesser, Bernhard, Lebensbeschreibung. – Staatsarchiv D 72 Winkelsesser Nr. 3 und 4.

Höchster Erlaß, die Hausuniform betreffend.

Mit der Anlegung der Hausuniform ist bisher in Unserem Fürstlichen Hause mangels jeglicher hierüber festgelegter Bestimmungen stets willkürlich verfahren worden und damit jedes Bild einer einheitlichen historischen Uniform verloren gegangen. Um nun solches zu ersetzen und für alle künftige Zeiten zu bewahren, gleichzeitig aber auch die Erinnerung an das alte tapfere Lippische Füsilier-Bataillon an Unserem Hofe lebendig zu erhalten, haben Wir beschlossen, auf die ehemalige Lippische Militäruniform zurückzugreifen, von der Uns archivalische Forschungen der letzten Zeit bis auf über 100 Jahre zurück ein getreues Bild geschaffen haben.

Wir bestimmen demgemäß hiermit, nachdem Wir am heutigen Tage die von dem ehemaligen Füsilier-Bataillon Lippe während der letzten 7 Jahre seines Bestehens getragene Uniform in Unserm Gendarmeriekorps haben wieder aufleben lassen, daß die Uniform der Lippischen Füsiliere aus der vorangehenden Zeit, wie nachfolgend beschrieben, fortan an die Stelle der Hausuniform trete und verleihen allen Prinzen Unseres Hauses das Recht, diese Füsilieruniform bei festlichen Gelegenheiten an Unserm Hofe bezw. in Ihren Familien zu tragen. Hierzu sind die Gradabzeichen des militärischen Ranges anzulegen, den die Prinzen in der Armee einnehmen. Wir behalten Uns jedoch für Einzelfälle besondere Bestimmung vor.

Beschreibung der Füsilieruniform.

1. **Waffenrock:** im modernen Infanterieuniformschnitt aus dunkelgrünem Tuch, rote Vorstöße, roter Kragen und rote schwedische Aufschläge, kleine gewölbte vergoldete Knöpfe, silberne Epauletthalter mit gelb-roten (statt der schwarzen) Längsfaden (Lippischer Waffenrock vor 1861). Auf Kragen und Aufschlägen die 1840 eingeführte goldene Stickerei, deren Muster Wir in Silber für Unsern Flügeladjutanten vorgeschrieben haben und dem Deutschen Offizierverein haben bekannt geben lassen.

2. **Beinkleid:** lange Tuchhose; schwarz, mit roter Biese zu kleiner Uniform, — bei Galaanlässen mit roten Galastreifen.

3. **Kopfbedeckung:** Tschako; nach dem Muster, welches im Jahre 1861 eingeführt wurde. Der Tschako soll jedoch ganz aus schwarzem lackierten Leder bestehen und der Kopfteil außen herum zwischen Deckel und Bundriemen mit schwarzem Tuch bezogen sein. Zur Gala dunkelgrüner Busch aus Büffelhaar. Vergoldete Rosetten halten die vergoldeten Schuppenketten. Lippisches rot-goldenes Nationale.

Als Helmzier achtstrahliger goldener Stern mit silberner Rose darauf, wie er seit 1831 getragen wurde.

4. **Epauletten**: goldener Halbmond, rotes Feld, auf diesem als Namenszug ein goldenes L mit Krone, nach dem für Unseren Flügeladjutanten vorgeschriebenen Muster.

Der Schieber ist mit der unter 1 bezeichneten Epauletthaltertresse eingefaßt, für Stabsoffiziere silberne Fransen, für Generale mit silbernen steifen Raupen.

5. **Schärpe:** nach dem im Jahre 1859 für die Lippischen Offiziere eingeführten Muster, silber mit zwei gold-rot durchwirkten Längsstreifen und gold-roten Innenquasten.

6. **Säbel:** Lippisches Muster vom Jahre 1859; geschwärzte Scheide gestattet.

7. **Säbelkoppel:** wie für die Infanterie vorgeschrieben.

8. **Portepee:** wie für Offiziere, jedoch mit gelb-rotem Schieber und gelb-rotem Boden des Portepees.

9. **Mütze:** grünes Tuch mit rotem Besatz, Lippisches Nationale.

10. **Mantel** resp. **Umhang:** graues Tuch, mit grünem rotbesetzten Kragen.

Leopold.

Gegeben, Detmold Schloß, am 30. Mai 1912.

Im Stadtbild dürfte diese Uniform kaum in Erscheinung getreten sein.

Die Stadt Detmold und das III. Bataillon des Inf.-Regiments „Graf Bülow v. Dennewitz" (6. Westf.) Nr. 55

Unser Bataillon war nach dem Kriege 1866 wieder in sein Standquartier Herford eingerückt. Von hier aus erfolgte am 30. 9. 1867 der Marsch in die neue Garnison Detmold. In der Nähe der Pinneichen wurde das Bataillon durch die Offiziere des früheren lippischen Bataillons begrüßt, die dann die neue Einheit in die Stadt nach der Kaserne I in der Leopoldstraße führten. Ein Teil der lippischen Offiziere und Mannschaften trat in preußische Dienste, während andere sich von der militärischen Laufbahn zurückzogen. In preußische Dienste traten die Offiziere: Hauptleute Großkopf, Pustkuchen, Hornhardt, Reinold und Hölzermann, die Premier-Leutnants Heldmann, Kirchhoff, Kotzenberg, Reitze und v. Laer, die Sekonde-Leutnants Reinecke, Rodewald und Graf v. Merveldt.

Während des Aufenthalts in Detmold hat das III. Bataillon bis zum Jahre 1907 folgende 12 Kommandeure gehabt: Die Majore Bacmeister (bis 1869), v. Wiechmann (1869–1872), v. Massow (1872–1877), v. L'Estocq (1877–1882), Frhr. Boecklin v. Boecklinsau (1882–1886), v. Laer (1886–1889), Baron de la Motte-Fouqué (1889–1891), v. Reichenbach (1891–1894), v. Malachowski (1894–1896), Graf v. Schwerin (1896–1899), v. Bülow (1899–1905) und v. Masserow (ab 1905).

Die Bürger Detmolds waren anfangs nicht gerade entzückt von dem preußischen Militär, hingen sie doch zu sehr an dem alten liebgewordenen Bataillon, und zahlreich waren anfangs die Reibereien zwischen Uniform und Zivil. Sogar ein höherer Hofbeamter konnte es sich nicht verkneifen, ab und zu in seiner polternden Weise seinem Herzen Luft zu machen. Seine dabei gebrauchten Worte über die „Preußen" standen in keinem Höflichkeitslexikon. Einmal wäre ihm sein Räsonnieren beinahe sehr schlecht bekommen, und wenn er nicht Abbitte geleistet hätte in der Form, daß sich die Beleidigten befriedigt erklärten, so dürften ihm etliche blaue Bohnen um seinen hochgeborenen Körper geflogen sein; denn sämtliche Offiziere wollten den Unvorsichtigen fordern.

Detmold war, und ist es auch heute noch, eine Kunststadt. Namentlich war es die Musik, zu der sich unsere Einwohner stark hingezogen fühlten. Es gab im ganzen lieben deutschen Vaterlande, wie sie meinten, keine bessere Künstlertruppe als die Hofkapelle. Was wunder, wenn die Musik der Regimentskapelle stark kritisiert wurde, und zwar nicht zu ihrem Besten. Die Kapellmeister Kiehl und Bargheer überboten

Lehrer des Leopoldinums als Reserve-Offiziere des Inf.-Reg. Nr. 55 in Detmold im Jahre 1877; von links: Dr. Karl Weerth, Fritz Naber, Bernhard Winkelsesser und Richard Stegmann.

sich beinahe in „Schmeicheleien" über die Regimentsmusik, die vom Kapellmeister Hintze um 1869 geleitet wurde. Wo es nur eben möglich war, sagten sich die drei Herren – sämtlich mit Zungenfertigkeit begabt – die Wahrheit über ihr Können. So z. B. saßen die beiden Erstgenannten eines Tages beim Hofkonditor Priester, als Kapellmeister Hintze erschien. Sogleich erhob sich Kiehl und zitierte so laut, daß alle Anwesenden hören konnten:

Hintz, des Murrners Schwiegervater,
schlug den Takt erbärmlich schön!

Daraufhin verbeugte sich Kapellmeister Hintze nach seinen beiden Kollegen und sprach:

Und zwei abgelebte Kater
bemüh'ten sich, ihm beizusteh'n!

Neben derartigen Sticheleien war es für die Regimentskapelle sehr unangenehm, daß sie nicht die Erlaubnis zur Veranstaltung von Konzerten o. ä. erhielt. Erst später wurden die Zivilkapellen nicht wieder konzessioniert, so daß dann den damaligen Militärmusikern Gelegenheit geboten wurde, ihr geringes Einkommen zu vergrößern. Im Jahre 1871 durfte die Regimentskapelle dem Fürsten zum ersten Mal ein Ständchen bringen. Zu dieser Zeit war die Abneigung der Lipper gegen die Preußen verschwunden, war das Bataillon nach der Rückkehr aus dem Kriege 1870/71 unter großem Jubel der gesamten Bevölkerung im Triumphzug in die Kaserne begleitet . . .

1 Aus: Lippische Landes-Zeitung, 1907, Nr. 229, vom 30. 9. 1907.

Offiziere des Inf.-Reg. Nr. 55 im Jahre 1871; darunter: Dr. Petri (Nr. 2), Prof. Karl Weerth (Nr. 6), Gymnasiallehrer Prof. Stegmann (Nr. 8), Hauptmann Cronemeyer (Nr. 10).

Am 5. Mai 1910 wurde auf dem Gelände der Kaserne an der Oberen Straße (heute: Bielefelder Straße) das 50jährige Jubiläum des Inf.-Reg. Nr. 55 begangen. Hier sieht man Fürst Leopold IV. mit seinem Flügeladjutanten Hauptmann v. Dewall (Foto: Paul Beckmann, Detmold).

Ehemalige Kompaniechefs führen Mitglieder ihrer früheren Kompanien zur Parade anläßlich der Feierlichkeiten am 5. Mai 1910 auf dem Hof der Kaserne III.

Die Hauptwache am Schloßplatz. Um 1911.

Zum letzten Male vor dem Ausmarsch ins Feld im August 1914 nahm ein Fotograf Gelegenheit, das Offiziers-Korps des III. Batl. des Inf.-Reg. 55 auf diesem Bilde festzuhalten.

Das Unteroffiziers-Korps einer Kompanie des hiesigen Landwehr-Bataillons mit Kompaniechef und einem Kompanie-Offizier vor dem Ausmarsch ins Feld am 13. August 1914.

Das III. Batl. des Inf.-Reg. 55 vor dem Ausmarsch ins Feld am 10. August 1914, angetreten auf dem Kasernenhof an der Oberen Straße (heute: Bielefelder Straße).

Nach dem Weltkrieg 1914–1918 blieb Detmold weiterhin Garnisonstadt für die Reichswehr. Das Ausbildungsbataillon des Inf.-Reg. Nr. 18 war hier stationiert. Diese Aufnahme um 1928 zeigt, wie ein Zug des Bataillons mit klingendem Spiel zur Kaserne begleitet wird.

Ankunft am 7. Mai d. J.

im Gasthofe „Zur Stadt Frankfurt"
in Detmold.

G. Saphirstein als approbirter Zahnarzt, laut hoher Bewilligung Sr. Majestät König der Niederlande, Großherzog von Luxemburg und Prinz von Nassau, gegenwärtig Fürstlich Waldeckischer praktischer Zahnarzt zu Arolsen, macht hiermit dem geehrten Publikum bekannt, daß er über alle Zahnkrankheiten zu sprechen ist. Ich empfehle mich zu Einsetzen künstlicher, aus den besten Substanzen bestehenden und nach der neuesten Methode gefertigten Mineral-Transperatzähnen, von einem einzelnen bis zu ganzen Gebissen, welche von den natürlichen nicht zu unterscheiden sind, und mit welchen man die Function der natürlichen ersetzen kann. Hohle Zähne werden mit einem pate Mineralkitt ohne Hitze und Druck ausgefüllt, der Nerv wird bedeckt, von dem Luftzuge befreit, so daß die Schmerzen nicht wiederkehren und der Zahn bis zum höchsten Alter sitzen bleiben kann. Lose Zähne werden befestigt, schwarze, lange Jahre vernachlässigte Zähne werden so gereinigt, daß sie ihre naturgemäße Weiße wieder erlangen. Kindern, welchen Zähne aus der Reihe gewachsen, werden solche wieder in die gehörige Richtung gebracht. Ausfeilen des Caries oder des s. g. Knochenfraßes. Jede Zahnoperation wird übernommen, selbst die kleinsten Zahnwürzelchen werden herausgenommen und zwar mit einer solchen Leichtigkeit, die überraschen wird.

Zeugnisse nachbenannter Herrn bekunden die von mir ausgeführten schwierigsten Operationen, als:

Kreusler, Geh. Hofrath, Leibarzt und Oberlandphysikus zu Arolsen.
Kreusler, Doctor das.
Geheimerath und Regierungspräsident Winterberg das.
Kreisgerichtsdirector Kneuper das.
Regierungsassessor Klapp das.
Rath Jäkel das.
Kreisrentmeister Schumann das.
Bürgermeister Krummel das.

Im Laufe der nächsten Woche werde ich im Hotel des Herrn Brockmann in Detmold zu sprechen sein.

Da ich den Tag meiner Ankunft nicht genau angeben kann, bitte ich etwaige Anfragen oder Aufträge Herrn Brockmann schriftlich übergeben zu wollen.

Bielefeld den 1. Mai 1862.

F. Staubacher,
Zahnarzt.

Glückliche Zeit (?) als Detmold noch keinen eigenen Zahnarzt benötigte.
(Aus: Fürstl. Lipp. Reg.- und Anzeigeblatt, 1862, S. 331.)

Erinnerungen an die Jahre um 1860

a) *Der Seiltänzer*[1]

Lichtblicke im Schulleben waren neue Schülerinnen, die je und dann auftauchten, keine mehr als die Tochter des Seiltänzers Kolter-Weizmann, Hulda, die in einem verschabten Pelzkragen, verziert mit Brosche und Kette, von der Mutter der ersten Vorschulklasse zugeführt wurde. Mich erfaßte sofort eine schwärmerische Neigung für dies Artistenkind . . . So oft ich konnte, entschwand ich zum Marktplatz und sah mir das feste Seil an, das schräg vom Kirchturm zur Erde ging, und auf dem Herr Kolter-Weizmann sich verpflichtet hatte, seine Großmutter auf den Kirchturm zu tragen . . .

Das Zusehen kostete einen halben Groschen, . . . Halb froh, halb angstvoll sahen wir, wie ein Gehilfe dem Künstler die dünnen Sohlen mit Kreide einrieb, ihm eine Balancierstange reichte und ihm half, die Großmutter auf den Rücken festzuschnallen. Sie schien auch Kinderaugen merkwürdig dünn und klein für eine Großmutter. Ich fand es aber doch empörend, daß ein roher Bursche neben mir zu sagen wagte: „Das ist doch gar keine Großmutter, nur eine ausgestopfte Vogelscheuche."

. . . Huldas Vater trug die liebe Last leicht und sicher, höher, immer höher – wir wagten kaum zu atmen bis er oben stand und sich vom Fenstersims aus tief verneigte. Die Großmutter verneigte sich nicht, sie schlotterte weiter. Dann ging es wieder zurück, und als er unten war, klatschten wir alle begeistert. Aber als ein Mitglied der Gesellschaft ans Einsammeln ging, drückte sich der äußerste Ring und entwich in die Straßen, auch die, die geklatscht hatten, was wir gemein fanden . . .

Am nächsten Tage erzählte mir Hulda, ihr Vater habe eine ausgestopfte Puppe getragen. Sie hätte gar keine Großmutter – zum Glück, sagte sie . . .

b) *Der Photograph um 1860*[2]

Auch das Atelier eines Photographen grenzte an die lange Kirchenmauer. Hering hieß er und war wirklich nur ein Hering. Sein einziges dünnes Söhnlein hieß überall „die Sardelle". Die Lichtbildkunst war damals noch schwach entwikkelt, aber wir bewunderten Herrn Hering sehr und staunten die vielen Platten an, die auf seinem Balkon zur Belichtung standen. Jeder, der sich bei ihm photographieren ließ, wurde in eine Kopfstütze gezwängt und ermahnt, recht freundlich zu sein, worauf er mit einem unter dem Tuch gesprochenen dumpfen „Ich öffne!" seines Amtes waltete. Leider brachte dies „Ich öffne" oft eine zu große Freundlichkeit hervor, und lautes Lachen verdarb die Platte. Dann sträubten sich seine graublonden Haare, und kummervoll holte er eine neue herbei, worauf man die Lippen zusammenkniff, um nicht auch die zweite zu verderben. „Leger, leger", sagte Herr Hering, denn er war ein Mann von Bildung, „ich öffne!"

1 Aus: Koppen, L., Kinderleben in einer kleinen Residenz, Berlin 1922, S. 43 ff.

2 Aus: Koppen, L., a.a.O., S. 56.

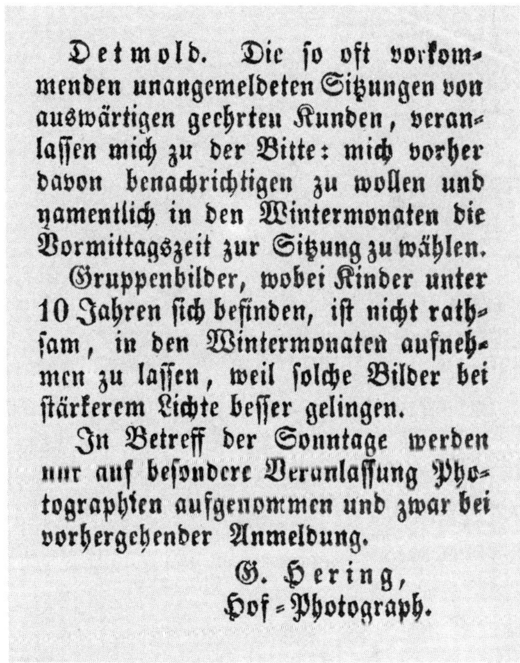

Detmold. Die so oft vorkommenden unangemeldeten Sitzungen von auswärtigen geehrten Kunden, veranlassen mich zu der Bitte: mich vorher davon benachrichtigen zu wollen und namentlich in den Wintermonaten die Vormittagszeit zur Sitzung zu wählen.

Gruppenbilder, wobei Kinder unter 10 Jahren sich befinden, ist nicht rathsam, in den Wintermonaten aufnehmen zu lassen, weil solche Bilder bei stärkerem Lichte besser gelingen.

In Betreff der Sonntage werden nur auf besondere Veranlassung Photographien aufgenommen und zwar bei vorhergehender Anmeldung.

G. Hering,
Hof-Photograph.

(Aus: Fürstl. Lipp. Reg.- u. Anzeigeblatt, 1862, S. 103.)

Arena.

Detmold, auf dem Bruche.

Sonntag d. 24. Juli 1859.

Große Vorstellung des

H. Weitzmann.

Besteigung des Thurmseiles 5 Uhr.

Vorstellung in der Arena 6 Uhr.

Montag wieder Vorstellung.

H. Weitzmann,

Director der gr. Arena in Berlin.

Arena,

Detmold, auf dem Bruche.

Sonntag den 31. Juli 1859

vorletzte Vorstellung.

Anfang 4 Uhr.

H. Weitzmann.

Kunst-Anzeige!

Detmold. Dem hochzuverehrenden Publikum die ergebenste Anzeige, daß Sonntag den 31. August die allerletzten großen Vorstellungen der Akrobaten-Gesellschaft des Kolter-Weitzmann allhier stattfinden. Die erste Nachmittags 4 Uhr auf dem Markte, und die zweite Abends 7 Uhr im Rathhaussaale. Auf dem hohen Thurmseile wird Nachmittags Weitzmann von seiner alten 80jährigen Großmutter auf dem Rücken hinauf und herunter getragen werden. -- Abends findet eine große komische Pantomime statt. — Da dies die letzten Vorstellungen sind, welche ich hier gebe, so bitte ich um einen recht zahlreichen Besuch.

Das Nähere die Zettel.

Ergebenst!

Robert Weitzmann,

Director.

Anzeigen, wie sie das Fürstl. Lipp. Reg.- und Anzeigeblatt 1859 (S. 473 u. 482) und 1862 (S. 570) brachte.

Morgen, Sonntag den 30. Novbr., nach beendigtem Gottesdienste zum ersten Male!

Den geehrten Bewohnern von Detmold und Umgegend die ergebenste Mittheilung, daß ich gestern mit meiner

großen

Menagerie

hierselbst eingetroffen bin. Gestützt auf den mir vor mehreren Jahren zu Theil gewordenen starken Besuch, hoffe ich, jetzt um so mehr wieder auf einen solchen rechnen zu können, indem die Menagerie bedeutende Bereicherungen erfahren, und erlaube ich mir nur noch zu bemerken, daß einer der Affen vor mehreren Tagen ein Junges geboren und der Bastard-Elephant und Kameelleopard für jeden Naturfreund sehr interessant sein werden. — Besonders wird sich Madame Tesky mit einem dressirten Eisbären auszeichnen.

Fütterung und Exercitium findet präcise 4 Uhr Nachmittags und 7 Uhr Abends Statt. **Entree: Erster Platz 4 Sgr. Zweiter Platz 2 Sgr.**

Die Bude befindet sich auf dem Marktplatze. — Der Eigenthümer kauft und verkauft jede Art von kleinern Vögeln und Thieren.

Tesky.

Die

Seiden- und Modewaaren-Handlung

von

B. M. Lyon

aus Minden und Düsseldorf

wird am

Montag und Dienstag den 1. und 2. December c.

ihr Lager in Detmold ausstellen.

Dieselbe macht vorzüglich aufmerksam auf eine sehr reichhaltige Auswahl der modernsten für die Herbst- und Winter-Saison erschienenen seidenen, wollenen und halbwollenen Kleiderstoffe, Long-Châles, sowie auf

fertige Mäntel, Mantelets ꝛc.

in den neuesten Pariser Façons.

Das Lager befindet sich im Saale der „Stadt Frankfurt“.

Wittwe Schumann

aus Braunschweig

empfiehlt sich zur Andreas-Messe mit sehr wohlschmeckendem Honigkuchen, Pfeffernüssen, Lebkuchen, Ypsilantikuchen, Pariser Pflastersteinen und Conditoreiwaaren aller Art, dem geehrten Publikum ganz ergebenst.

Mein Stand ist wie gewöhnlich auf und vor dem Rathhause.

Jahrmarktsanzeige.

Detmold. Einem hiesigen und auswärtigen Publikum empfehle ich mich wieder zu diesem Jahrmarkt mit einer schönen Auswahl, von dem 6/4 breiten echtfarbigen Bettzeuge, sowie Kleider- und Schürzenzeug, auch der schönen 6/4 breiten weißen Halbleinewand, zu dem festen Preise à Elle 3 Sgr. 3 Pf. Mein Stand befindet sich wieder vor dem Hause des Herrn Canzleirath Althof.

C. F. Geißler
aus Rohnau in Sachsen.

Therese Rainer

aus Tyrol

empfiehlt sich zum ersten Mal zur Andreas-Messe mit feinen Galanteriewaaren, namentlich einer schönen Auswahl von Damen-Taschen und allen derartigen Artikeln.

Indem sie bei festen Preisen die reellste Bedienung verspricht und die Bemerkung hinzufügt, daß die Bude sich auf dem Markte gegenüber dem Rathhause befindet, bittet sie um geneigten Zuspruch.

Andreas-Messe. Wenn der November sich dem Ende zuneigte, informierte das Regierungs- und Anzeigeblatt durch Anzeigen die Menschen in Stadt und näherer Umgebung, daß in der Residenz die „tollen Tage“ heranrückten. Selbst aus Tirol kam man hierher, um Galanteriewaren an die interessierte Damenwelt zu bringen. Auf dem Marktplatz und in den angrenzenden Straßen waren die Verkaufs- und Schaubuden errichtet. – Schon vor 120 Jahren brachte die Andreas-Messe also Leben in die Stadt.
(Aus: Fürstl. Lipp. Reg.- und Anzeigeblatt, 1856.)

Erinnerungen eines alten Theater-Requisiteurs[1]

. . . Wer erinnert sich noch der „Faust"-Aufführung am hiesigen Theater im Jahr 1884, als der Darsteller der Titelrolle, Herr v. Giron, im ersten Akt plötzlich erklärte, er könne nicht weitersingen, da der Becher fehle. Der Vorhang mußte fallen. Bei der diesjährigen (1892) „Faust"-Aufführung war nicht für den zweiten kalten Reservebecher gesorgt, so daß Herr Hüppe, den feurigen Becher in der Hand, singen mußte, wobei er sich den Daumen sehr empfindlich verbrannte.

Ein sehr komischer Fall passierte während der Direktion Krüger. Es wurden die „Räuber" gegeben, ein Herr Heygen spielte den „Carl". In der Szene, wo Carl ruft: „So zerreiße ich von nun an mein brüderliches Band" und seine Kleider zerreißt, rief der damals eine große Rolle spielende Theaterdiener Pinkau hinter der Kulisse weg – aber so laut, daß jedes Wort im Parkett zu hören war –: „Donnerwetter, Herr Heygen, reißen Sie die Jacke nicht entzwei, ich habe sie gepumpt!"

In den 50er Jahren, als noch Mewes und Pichler die Direktion führten, wurde eines Abends ein Raupach'sches Schauspiel gegeben. In einer Szene muß der Prospekt mit einem Ölgemälde zu sehen sein, welches einen Herrn darstellt. Es war mir unmöglich gewesen, ein passendes Bild zu erhalten, und da Direktor Mewes sehr genau darauf sah, daß derartige Requisiten kein Gelächter erregten, so konnte ich auch nicht jedes Bild brauchen. Da brachte in letzter Stunde der damalige Theater-Laufbursche Z. ein Ölgemälde, welches Eigentum eines hiesigen Fleischermeisters war. Die betreffende

Rosental und Bismarckstraße boten im Jahre 1907 sicherlich ein schöneres Bild als heutzutage.

Vom 9. bis 18. Oktober 1903 fanden im Detmolder Hoftheater „Vaterländische Festspiele“ statt. Unter der Leitung von Paul Werning brachten Angehörige des hiesigen Kriegervereins zur Darstellung: „Barbarossas Erwachen. Deutschlands Erhebung und Einigung“. Das Foto wurde am 12. Oktober 1903 aufgenommen.

Szene kommt, das Gemälde prangt an der Wand, unglücklicherweise hatte ich aber das Bild nicht gesehen, welches einen bekannten hiesigen Bürger darstellt. Eine Dame hat vor dem Gemälde auszurufen: „O, wie gut er war! Keiner Fliege konnte er etwas zuleide tun!“ Da erscholl von der Galerie plötzlich die Stimme eines biederen Landbewohners: „Fleugen makt he auk nich daut, aber manch Swin.“ Das Gelächter, welches diesen Worten folgte, kann man sich denken. Der damalige regierende Fürst (Leopold III.) soll sich köstlich über diesen Ausruf gefreut haben.

Noch einmal, Anfang der 60er Jahre, spielte ein Bewohner der Galerie in einer Vorstellung mit. Es wurde der „Kaufmann von Venedig“ gegeben. In der letzten Szene, wo „Shylok“ sein Urteil empfängt, ruft jemand vom Olymp herab: „Suiste, vafluchte Jiude, do heste duin Fett!“ Der Urheber dieses klassisch gewordenen Ausspruches soll der Besitzer des oben erwähnten Bildes gewesen sein, der noch heute ein eifriger Theaterbesucher ist.

1 Aus: Lippische Landes-Zeitung, 1892, vom 2. 4. 1892.

Am Theaterplatz hinter dem im Jahre 1912 abgebrannten Hoftheater standen früher noch mehrere Gebäude. In dem hier gezeigten Haus befand sich bis Anfang 1890 das Theater-Bureau. Um 1895.

Theater-Nebengebäude am Theaterplatz (das frühere Detmolder Amtshaus). Es befand sich hinter dem 1912 abgebrannten Hoftheater.

Detmolder „Olympiade" vor 1914[1]

Wir Leopoldiner kauften uns, wenn wir Sehnsucht nach musikalischer oder schauspielerischer Kunst hatten, in dem alten gemütlichen Büro des kleinen Verwaltungshauses in der Sackstraße hinter dem Theater eine Karte zu 30 Pf im Vorverkauf für die Galerie, die bei uns wie wohl überall „der Olymp" genannt wurde. Aber um zum Kunstgenuß zu gelangen, mußte vorher allerlei durchgestanden werden. Abends um 7.30 Uhr fing das Theater an, um 7 Uhr wurde der Musentempel geöffnet. Die Anwärter auf den Olymp stellten sich mindestens 6.30 Uhr vor der Mitteltür auf; wer den Drücker halten wollte, mußte natürlich noch früher dasein. Nach und nach kamen mehr und mehr „olympische" Aspiranten. Selbstverständlich stand man nicht der Reihe nach in einer Schlange, sondern in einer geballten Gruppe, die immer größer wurde. Möglichst hielt man sich im Mittelfeld, vielleicht noch etwas links, nicht rechts, da das die gefährliche Seite war. Um 6.45 Uhr kam langsam Bewegung in den Haufen. Man schob, drängte, suchte seine Position irgendwie zu verbessern. Noch waren es keine harten Stellungskämpfe, noch längst nicht der massive Druck Richtung Eingangstür.

Aber vorerst: Wer stand denn da gepreßt nebeneinander? Zunächst wir Pennäler, dann Gesellen und Lehrlinge des Handwerks, lippische Dienstmädchen, Soldaten ohne Charge und sonstige arme Teufel, die eben nicht mehr als 30 Pf aufbringen konnten, um ein Schauspiel oder eine Oper zu sehen und zu hören.

Inzwischen zeigt die Uhr auf 10 Minuten vor sieben. Die Lage sieht jetzt folgendermaßen aus: Vor dem alten Hoftheater in Detmold hinter den schönen Säulen eine nach Kunst durstige Masse, die aber jetzt noch beachtliche körperliche Leistungen zu vollbringen hat. Es scheint fast alles erlaubt zu sein. Von Fairneß ist jedenfalls keine Rede. Hintenstehende, spätergekommene Besucher versuchen sich rücksichtslos vorzudrängen. Sie ernten zwar Proteste, aber alle Worte gehen in dem Wirbel des wogenden Getümmels unter. Kampf aller gegen alle. Die Kämpfer winkeln nach Möglichkeit ihre Ellbogen ab und ziehen ihre Muskeln an, um möglichst etwas Raum zwischen sich und den Nachbarn zu haben. Beim linken Flügel verstärkt sich der Druck zur Mitte, der rechte will aber unbedingt nicht nachgeben. Es folgt ein Gegenangriff. Trotz des sehr kalten Winterabends friert natürlich keiner in dem brodelnden Haufen. Noch immer hält der Mann vor der Tür verbissen den Drücker. Er ist zwar nicht groß und breit, aber stämmig untersetzt. Sicherlich hat er prächtige Arm- und Beinmuskeln und ist ein zäher Bursche, durchtrainiert in manchem derartigen Kampfe. – Noch mehr Galeriebesucher kommen und hängen sich hinten und links an die wie zu einer dicken Traube zusammengeballte Masse. Heute abend im Theater wird ein großes klassisches Schauspiel mit den besten Kräften aufgeführt, darum auch der große Zustrom. Im Theaterinnern wird das Traumland der Künste mit der Seele gesucht, aber hier draußen ist vorher noch der harte körperliche Einsatz zu bestehen.

Jetzt sind es noch 3 Minuten vor 7 Uhr. Drei lange Minuten noch, die ausgehalten werden müssen in Drängen und Pressen. Einer, der in der Mitte steht und der scheinbar mürbe geworden ist, schreit jetzt gerade: „Ich will hier raus, ich kriege keine Luft mehr." Lächerlich überhaupt der Gedanke daran. Hier würde auch ein ohnmächtiger Mann weitergeschoben und um Zentimeter weitergedrängt, bis er durch die Tür fliegt um 7 Uhr. Gleich muß es vom Schloßturm schlagen. Jetzt kommt noch vorn links ein ganz tollkühner Angriff. Ein massiver Bursche wirft sich mit seinem Rücken und aller Kraft gegen die vor der Tür Stehenden und stemmt sich mit seinen Beinen von dem steinernen Vorsprung ab. Er scheint wenigstens von links hinter den Mann am Drücker kommen zu wollen, aber sein rücksichtsloses, wenn auch sportlich bemerkenswertes Manöver scheitert bereits ziemlich links vorne. Der Haufen steht jetzt wie eine Mauer. Die Turmuhr schlägt. Die Menge murmelt: Jetzt kommt er. Er, das ist der Pförtner, der die Tür aufschließen muß. Jetzt hört man, wie sich der Schlüssel dreht. Jetzt sieht man, wie ganz langsam die Türe aufgemacht wird. Höchste Konzentration. Besonders hat nun die rechte Seite aufzupassen: jetzt kommt ihr kritischer Moment. Alle rechts Stehenden müssen eisern den Druck von links halten, sonst werden sie hinter die Tür abgedrückt, und dann ist es aus mit einem halbswegs zufriedenstellenden Galerieplatz. Einer ist gerade jetzt wirklich sehr übel dran: Er ist mit der Türkante in Tuchfühlung. Das linke Bein befindet sich innerhalb, das andere außerhalb der Tür. Er versucht, sein rechtes Bein herumzuziehen, und findet dabei auch eine gewisse kameradschaftliche Unterstützung. Schließlich gelingt es ihm, sich aus der mißlichen Lage zu befreien, wobei natürlich kostbare Zeit verlorengegangen ist. Inzwischen wird nun alles vom Sog durch die Tür in den kleineren unteren Flur des Theaters erfaßt, von wo eine lange, steile Treppe in Windungen zum „Olymp" führt. Der Hauptkampf ist nun beendet.

Das eben Erwähnte habe ich viele Male erlebt. Auch wenn ich nicht ins Theater ging, machte ich manchmal den Kampf vor der Theatertür mit, um im Training zu bleiben. Die Jagd ging übrigens über die alten abgetretenen Holzstufen weiter, weil man auch hier noch aufholen konnte. Oben standen zwei starke Männer, die ihre Arme gekreuzt hielten und nur den durchließen, der eine Karte vorzeigen konnte. Und dann hinein in die heiligen Hallen! Jetzt mußte man entweder die linke oder die rechte Seite wählen. In der Mitte waren nämlich die Plätze für Plutokraten: numerierter Platz für 60 Pf. Hatte man sich für links oder rechts entschieden, mußte man möglichst in der ersten Reihe nahe der Wand Platz finden. Dann trug das Durchhalten der letzten halben Stunde Früchte: man hatte seinen Platz auf dem Olymp erkämpft.

Nun endlich saß man. Die „olympischen Kämpfer" lachten einander zu. Es herrschte wieder Friede, Freude und Einigkeit, selbst bei denen, die keinen besonders guten Platz ergattert hatten. Während sich nun langsam das Parkett, die Ränge und Logen füllten, stärkten wir uns mit dem in der Tasche zerdrückten Abendbrot. Die Besucher weit unter uns sahen gepflegt aus in ihren schönen Kleidern und guten Anzügen, und wenn gegen 7.30 Uhr die fürstliche Familie ihre große prächtige Loge betrat, machten sie eine Reverenz – oder eine Verbeugung. Wir blieben natürlich sitzen; nicht deshalb, weil wir unseren Landesherrn weniger respektierten und verehrten, aber wir konnten doch nicht verlangen, daß seine Durchlaucht zu uns den Kopf emporhob. Allerdings wäre auch das Aufstehen und Sichverbeugen eine ziemlich umständliche Sache auf dem Olymp gewesen. Das Spiel konnte beginnen.

Als das Theater im Jahre 1912 durch Feuer zerstört war, diente der „Neue Krug" für rund sechs Jahre als Musentempel.

1 Aus: Gustloff, Th.: Leopoldiner vor 1914, in: Der Leopoldiner, H. 8, 1956, S. 28/29.

Ein Schulmann wird in Detmold heimisch[1]

Prof. Dr. Bernhard Winkelsesser (geb. 1847, gest. 1926) ist den alten Detmoldern und ehemaligen Schülern des Leopoldinums sicher noch ein Begriff. Im Jahre 1913 wurde er wegen seiner langjährigen Tätigkeit im Stadtrat und als Stadtverordnetenvorsteher mit der Ehrenbürgerschaft ausgezeichnet. Als nicht in Detmold gebürtig, kam er im Oktober 1873 nach hier. Um 1900 hatte er dann in 5 Schulheften sein Leben für seine Kinder beschrieben. Diesen Aufzeichnungen verdanken wir die Kenntnis seiner Eindrücke über Detmolder Verhältnisse jener Zeit. Sie seien daher im Auszug hier wiedergegeben:

„Meine Fahrt von Guben nach Detmold ging über Cassel, wo ich einigen Aufenthalt hatte, . . . Die Einfahrt ins Lippische Land, welches mir nun zur dauernden Heimat werden sollte, war etwas tragikomisch: Der Eisenbahnzug brachte [mich] bis an die Grenze in Bergheim, einer Station auf der damals neuen Strecke Hannover–Altenbeken, . . . Weiß der Tausend, welche Vorstellung ich von diesem Orte Bergheim mir gemacht hatte; ich wanderte vom Bahnhof zu, um dort die Nacht zu bleiben – und fand ein unsäglich schmutziges, gänsedurchschwirrtes Dorfnest ohne andere Herberge als eine armselige Fuhrmannskneipe und anderes Labsal als ordinären Schnaps. Glücklicherweise kam noch spät abends ein Gelegenheitsfuhrwerk durch und nahm mich auf. Der Kutscher war aber angetrunken oder wurde es unterwegs und brachte das Gefährt beständig in die Nähe des Chausseegrabens, . . . In mondheller Nacht langten wir bei dem Posthause in Detmold [Exterstraße] an zwischen 11 und 12 Uhr. Ich fragte nach der Leopoldstraße, wo mir der Gymnasialdirektor eine Wohnung besorgt hatte. Antwort: ‚Gleich da unten!‘, ging hin, stand vor einem Hause still nahe der Ecke, fragte einen vorübergehenden Nachtvogel, wo Nr. 11 sei. Antwort: ‚Dies hier‘. ‚Wohnt hier der Küchenmeister Heise?‘ ‚Bin ich selber‘. Ich konnte mit meinen Siebensachen sofort einziehen; es war der 8. Oktober 1873.

Direktor [Prof. Dr. Eduard] Hormann hatte Eile mich kennen zu lernen und schickte am Morgen, als ich noch in den Federn lag, [einen Boten]. Gegen 10 Uhr war ich bei

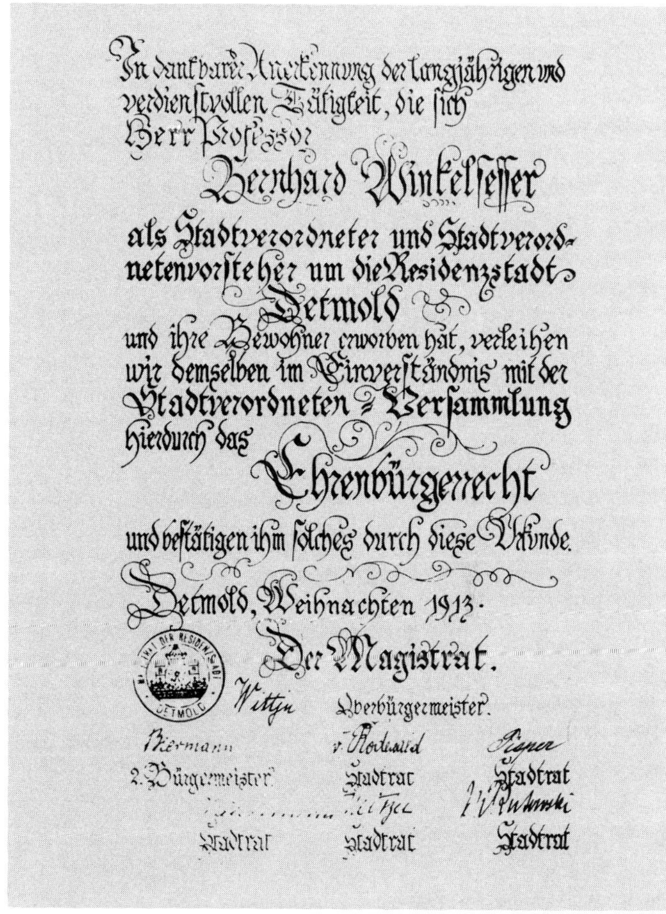
In dankbarer Anerkennung der langjährigen und verdienstvollen Tätigkeit, die sich Herr Professor

Bernhard Winkelsesser

als Stadtverordneter und Stadtverordnetenvorsteher um die Residenzstadt

Detmold

und ihre Bewohner erworben hat, verleihen wir demselben im Einverständnis mit der Stadtverordneten-Versammlung hierdurch das

Ehrenbürgerrecht

und bestätigen ihm solches durch diese Urkunde.

Detmold, Weihnachten 1913.

Der Magistrat.

Oberbürgermeister.

2. Bürgermeister — Stadtrat — Stadtrat

Stadtrat — Stadtrat — Stadtrat

Handgeschrieben war diese Urkunde zur Verleihung des Detmolder Ehrenbürgerrechts.

ihm, der in Schlafrock und [mit] Pfeife [mich empfing], fand einen anderen Kollegen, der gleichfalls hier am Gymnasium eintrat, Prof. Treplin, vor – für einen Philosophen [ein] ganz ungewöhnliches Aussehen, von fleischunmäßiger Beleibtheit, obschon noch in den 30er Jahren stehend; sein weiteres Leben zeigte zur Genüge, daß diese Fülle nicht für Nichts erworben war und unterhalten wurde, zu deutsch: Er war ein Schlemmer.

Wir erhielten die ersten Weisungen über Amt und Gesellschaft in Detmold, wovon mir in Erinnerung, daß ich von der endlosen Besuchsliste vorerst alle durchstrich, welche mir nicht unbedingt nötig schienen, worauf nur ein schwächlicher Rest übrig blieb. Dann ward ich einem nahe wohnenden etwa gleichaltrigen Kollegen, es war mein seitheriger Freund Stegmann, zur weiteren Behandlung überlassen.

Das gesellschaftliche Wesen in Detmold war etwas eigentümlich . . . Es war eine kleinstaatliche Residenz von ca. 6 000 Einwohnern. So ein kleiner Fürsten- und Regierungssitz besteht aus zwei Volksklassen, der sogen. Gesellschaft: Das sind die ‚studierten' Beamten, womit übrigens nicht gesagt ist, daß sie studiert haben oder weiter studieren, und die aktiven Offiziere der Garnison oder inaktive Pensionäre; und den übrigen Quasimenschen: Sie haben das Unglück, nicht durch die Universitäten gelaufen zu sein und nicht die Epauletten getragen zu haben, mögen im übrigen so tüchtig und gescheut sein wie sie wollen; in den Augen der Klasse I sind sie mit verschwindenden Ausnahmen – 2–3 wohlhabenden Kaufleuten – nicht Gesellschaft. Der gewaltige Abstand prägt sich darin aus, daß die Ersteren zur Ressource gehören und meist alle bei Hofe vorgestellt sind. Diese Vorstellung bei Hofe ist fortan das Relief: Denn 3/4 aller Unterhaltung ist der Hof, das übrige Drittel Klatsch über Familien und Familiäres. Alle sind aber so ungefähr *eine* Familie, und bist du in Gesellschaft, so hüte dich, über jemand den Schnabel aufzutun, denn es sitzt sicherlich ein Vetter oder Onkel desselben bei dir innerhalb derselben Wand.

Da nun der Hof ein so wichtiger Faktor ist, will ich hier nur noch erwähnen, . . ., daß ich vorgestellt wurde im Laufe der Zeiten: zuerst einem Fürsten Leopold, der körperlich und geistig ein Schwächling war und unter dessen sanftem Zügel sich, wie es hieß, die Bedienten und deren in interessanten Umständen befindliche Gemahlinnen am besten be-

Erinnerungsmedaille an das 300jährige Bestehen des Gymnasiums Leopoldinum im Jahre 1902.

Wer im Jahre 1905 durch die Leopoldstraße ging, sah an deren Ende noch das ehemalige „v. Meysenbugsche Palais“ in seiner ursprünglichen Form.

Das Lehrerkollegium des Leopoldinums war im Jahre 1880 noch recht klein. Die Aufnahme zeigt in der hinteren Reihe von links: Dr. Richard Stegmann, Fritz Naber, Dr. Vogel, Wilhelm Oesterhaus, Dr. K. Weerth; sitzend: Dr. Heinrich Thorbecke, Ludwig Menke, Dr. Paul Treplin, Dr. Eduard Horrmann (1890 Ehrenbürger), Bernhard Winkelsesser (1913 Ehrenbürger) und Eduard Endert.

fanden, die er häufig besuchte und beschenkte; dann seinem Bruder und Nachfolger Woldemar, den die Zeitungen im Anfang einen zweiten Dionysius verunglimpften, weil er seine Bedienten nicht so gut behandelte, der . . . den Eindruck eines so[wohl] beschränkten wie selbstsüchtigen, allen Edelmuts baren Charakters gemacht hat, wie sein Verhalten auch der eigenen Familie gegenüber augenfällig bewies; als er nach ca. 20jähriger Regierung, der letzte seines Geschlechts, starb, weinte ihm kein Auge im Lande eine Träne nach. (Es folgte dann – 1885–91 – Prinz Adolf von Schaumburg als Regent oder vielmehr seine Gemahlin, Prinzeß Victoria von Preußen, Tochter des Kaisers Friedrich, unter deren Pantoffel der Gemahl stand, beide bei den einen sehr beliebt nach ihrem freundlichen Wesen, von den anderen geschmäht als Thronräuber.)

Endlich der jetzt regierende Herr, Ernst Graf zur Lippe-Biesterfeld, der erfahrenste und klügste von den Genannten, aber durch körperliches Siechtum an Haus und Stuhl gefesselt. Ich mache kein Fest daraus, daß mein von vorn herein geringer Respekt vor dem teutschen Kleinfürstentum durch die drei ersten nicht erhöht worden ist. Der zweite, Woldemar, lebte – bei seinem Regierungsantritt wenigstens – noch ganz vor 1848 und war entschieden Antipreuße, also mit 1866 und 1870/71 nicht zufrieden, wie ich bei der Vorstellung gelegentlich meiner Ernennung zum Oberlehrer Herbst 1877 aus seinem eigenen Munde hörte. Die politische Einwirkung dieser Landeshäupter war glücklicherweise seit 1871, vielleicht auch schon vorher, recht unbedeutend, eigentlich auf sogenannte Gnadenbeweise, Titel und Orden beschränkt. Das andere besorgten neben der Reichsregierung in Berlin alles die juristischen Beamten, gegen deren Cliquen im Grunde auch der Landesherr nicht viel vermochte. Für mich war das ganze Hofleben nichts weiteres als eine alljährlich regelmäßig wiederkehrende Einladung zum Hofballe, die ich ebenso regelmäßig ablehnte, nachdem ich einmal, um mir den Kram anzusehen, hingegangen war und mich sterblich hatte langweilen lassen; und unter Prinz Adolf und Graf Ernst auch wohl mal eine Einladung zur Tafel oder zum Konzert, wobei man fürstlichen Tafelluxus sah und in aller hofmäßigen Geläufigkeit gut – d. h. zu wenig um satt zu werden – aß; am glänzendsten ging es doch wohl bei Prinz Adolf in Tafelprunk u. a. zu . . . Die vier Fürstinnen, welche ich hier kennengelernt habe, gefielen mir, besonders aber die Fürstin Elisabeth, Gemahlin des Fürsten Leopold, eine wackere deutsche Frau, die den ganzen Tag in ihrer Witwenschaft tätig war im Interesse der Armen . . . Sie bewies mir bis an ihren leider zu frühzeitigen Tod eine auffällige Geneigtheit, so daß ich oft auf der Promenade von ihr angesprochen wurde; ich kam dazu anfangs als Mitglied der Direktion der höheren Töchterschule, deren Protektorin sie war; später konnte ich ihr bei ihrer kleinen Münzsammlung öfter helfen; sie hielt mich, . . ., übrigens für allwissend und fragte manchmal unglaubliches Zeug, . . ."

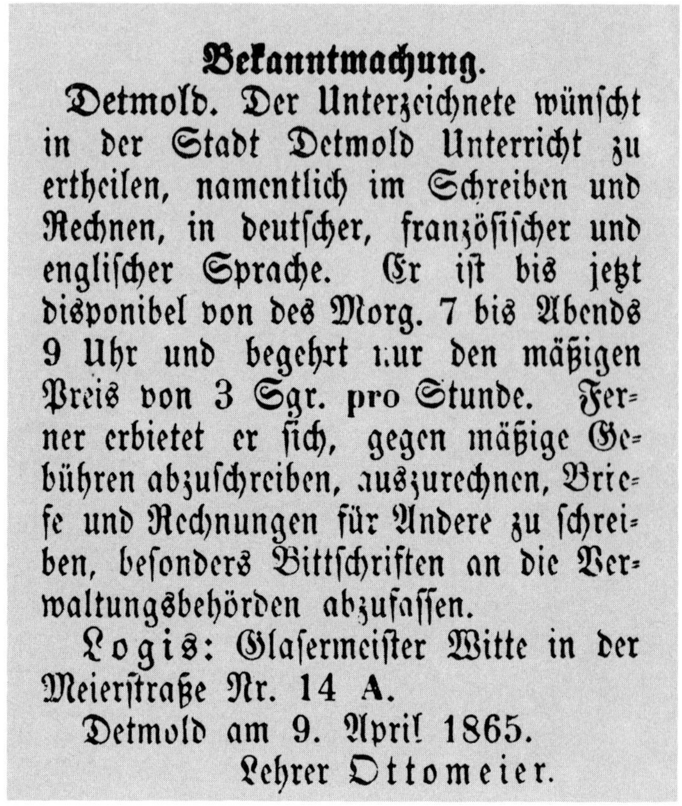
Bekanntmachung.

Detmold. Der Unterzeichnete wünscht in der Stadt Detmold Unterricht zu ertheilen, namentlich im Schreiben und Rechnen, in deutscher, französischer und englischer Sprache. Er ist bis jetzt disponibel von des Morg. 7 bis Abends 9 Uhr und begehrt nur den mäßigen Preis von 3 Sgr. pro Stunde. Ferner erbietet er sich, gegen mäßige Gebühren abzuschreiben, auszurechnen, Briefe und Rechnungen für Andere zu schreiben, besonders Bittschriften an die Verwaltungsbehörden abzufassen.

Logis: Glasermeister Witte in der Meierstraße Nr. 14 A.

Detmold am 9. April 1865.

Lehrer Ottomeier.

Aus: Fürstl. Lipp. Reg.- und Anzeigeblatt, 1865, S. 327.

1 Aus: Nachlaß Winkelsesser – Staatsarchiv D 72 Winkelsesser Nr. 3 und 4.

Leopoldiner vor 1914[1]

„. . . Wir Pennäler lagen immer in großer Fehde mit den Jungen der Bürgerschule, deren Anführer „Groten Wömmel“ war. Er war ein großer Häuptling, der auch von uns respektiert wurde. Natürlich hatten auch wir blendende Taktiker. Wir sammelten uns in kleinen Gruppen, schickten Späher aus, erkundeten die Stärke des Feindes und zogen – in den Straßen herrschte immer Burgfriede – langsam in die weite Kampfbahn, durch die die Werre floß, zur großen Weide der Kühe. Nach kurzem Geplänkel ging die Schlacht los. Nein, so war es natürlich wieder nicht, trotz aller Kampfesfreudigkeit; es kam aber zu einer wunderbaren Jungenbalgerei. Nach und nach trennten sich die Haufen und zogen sich – jeder Krieger ein Held – unter großem Palaver über das Kriegsgeschehen zurück in die Straßen und in die Häuser, wo neue Fehden und Kriegspläne erdacht wurden. Gegen Herbst wurde Friede geschlossen, weil dann auf dem Kampfgelände die Drachen hochgelassen wurden. Ich hielt mich dabei an den Gegenhäuptling, an „Groten Wömmel“; er war ein Experte im Drachenbau und hatte viele hundert Meter Knäuel Bindfaden – keiner wußte, wo er sie her hatte. Abends banden wir an die Schwänze der Drachen bunte Lampions, die dann über Detmold – wenn der Wind so war – Richtung Lange Straße standen. Ahnungslose Bürger glaubten dann, es wären schöne leuchtende Sterne oder sonst was Neues am abendlichen Firmament.

Als wir älter wurden, beteiligten wir uns eifrig an dem Nachmittagsbummel auf der „Langen“. Was wurde nicht alles auf dem Bummel besprochen! Am Marktplatz oder an Straßenecken hielt man auch einen Steh-Konvent ab und diskutierte leidenschaftlich über die Problematik des Schulbetriebes. Aber auch die schönen Mädel Detmolds wurden im Vorbeigehen freudig begrüßt und die Jungfrauen der Pensionate, von denen es in unserer Residenz damals eine große Anzahl gab.

Was waren das auch für schöne Stunden, wenn wir in der Tanzstunde der Leopoldiner und Schülerinnen der „Höhe-

Die Turnriege und das Spielmannskorps des Detmolder Gymnasiums Leopoldinum anläßlich der Sedanfeier am 2. September 1891.

ren Töchterschule" die Backfische oder angehende junge Damen mehr oder weniger elegant, in der gemessenen Française oder Quadrille à la cour führten oder im wirbelnden Dreivierteltakt dahinschwenkten!

Wer denkt noch an die Abende auf den Pennälerbuden, wenn wir bei langer Pfeife – wie wurde mir schlecht das erste Mal! – unsere Hausaufgaben büffelten und zu zweien oder zu dreien für die Stunden des nächsten Tages präparierten? Wer weiß noch zu erzählen von den verbotenen Kneipereien auf dem Aktienberge bei Riesemeier – das halbe Liter 15 Pf –, wo wir leider das Biertrinken lernten und Kommerslieder sangen!

Vergessen wollen wir auch nicht den 2. September jedes Jahres, den Sedantag, an dem alle Schüler des Leopoldinums nach Klassen ausgerichtet mit den Fahnen unseres Gymnasiums, vorneweg der schneidige Spielmannszug und die ausgezeichnete Marschkapelle mit Hörnern, Trompeten und dicker Pauke, zur Grotenburg hinaufmarschierten und dort oben turnerische und sportliche Wettkämpfe austrugen, bei denen als Siegestrophäe ein kleiner Eichenkranz mit dem Bande in den Farben des Reiches schwarz-weiß-rot winkte. Vorher hielt der primus omnium auf der Treppe des Hermannsdenkmals eine vaterländische Rede.

Denken wollen wir auch an das in unserer Stadt liegende III. Bataillon des Inf.-Reg. (6. Westf.) Graf Bülow v. Dennewitz, Nr. 55, dessen Regimentsmusik uns jeden Sonntagvormittag auf dem Schloßplatz, wenn der Gottesdienst in den Kirchen zu Ende war, durch ein Promenadenkonzert unter der Stabführung des Musikdirektors Hubert erfreute. Hier strahlten dann die neuen Kleider und Anzüge im schönsten Glanze, und man grüßte sich im Vorbeischlendern; damals kannte in Detmold ja jeder schließlich jeden. Mit Begeisterung marschierten wir Pennäler hinter den Fackelzügen her durch die Straßen der Garnison und hörten andächtig an der Schloßwache den Großen Zapfenstreich.

Ich schrieb als Pennäler Beiträge für Detmolder Zeitungen über alles mögliche, über Wahres und Erfundenes, Zeile 5,5 Pf; so anonym eine Serie Briefe über die jeweiligen Begebenheiten in unserer Stadt und in Lippe. Anscheinend waren die Leser mit meinen Briefen zufrieden: denn ich konnte einen nach dem anderen starten. Das war für mich als Gymnasiasten eine feine Sache, pecuniae causa. Eines Tages erhielt ich ein Schreiben von unserm heimatlichen Kunstmaler Rötteken, der und dessen Bilder ja noch den älteren „Ehemaligen" bekannt sein dürften: Ich möchte ihn doch mal besuchen. Er hatte sein Atelier damals in dem Nebengebäude der Villa Kahler beim Friedenstal (Höpperkrug). Also ich suchte ihn auf, er machte uns Tee, und es kam schließlich zu ungefähr folgender Unterhaltung.

Rötteken: „Sie schreiben da ganz nette, leicht schnoddrige Briefe in der Zeitung, ich habe mich erkundigt, wer hinter dem Pseudonym steckt. Ich hätte nun was für Sie. In der jetzt laufenden Kunstausstellung sind auch Akte ausgestellt. Nun regen sich über die Bilder nackter, wohlgeformter Menschen sehr brave, aber auch sehr prüde Bürger beiderlei Geschlechts auf, die sie frivol und abstoßend finden. Wenn Sie diese Ansicht lächerlich machen würden, ohne natürlich zu verletzen, also eine leicht ironische Kritik der kleinbürgerlichen, übertrieben sittlichen Kritik. Ginge das?"

Ich: „Natürlich, Herr Rötteken; man braucht ja nur an die Werke der großen Bildhauer der Antike und an die Gemälde der italienischen und niederländischen Maler der letzten Jahrhunderte zu erinnern. Im übrigen aber: De gustibus non est disputandum. Also wenn Sie meinen, will ich es versuchen."

Als ich durch die Schanze und Allee nach Hause ging, formulierte ich schon sehr massive Sätze gegen Spießertum und Kleinstädtereien, die ich dann bei der Niederschrift erheblich milderte. Übrigens war Rötteken mit meinen Ausführungen über das damals delikate Thema, die prompt erschienen, zufrieden.

1 Von Gustloff, Th., in: Der Leopoldiner, Detmold 1956, H. 8, S. 25 ff. (Auszug).

Tanz-Unterricht.

Detmold. Hiermit die ergebene Anzeige, daß mein Unterricht am 6. Aug. im Saale des Gastgebers Herrn Lohmann beginnt.

Wie früher werde ich auch in diesem Jahre Alles aufbieten, um die Zufriedenheit der geehrten Interessenten zu erlangen und wird es vor Allem mein Bestreben sein, für die äußere Körperbildung Sorge zu tragen, um so dem Unterrichte den eigentlichen Werth zu geben.

Außer meinen gewöhnlichen Stunden ertheile ich auch Privatstunden, sowohl an einzelne Personen, wie an geschlossene Zirkel, ebenso in einzelnen Tänzen, als: Walzer, Galopp, Schottisch, Polka, Polka-Mazurka, Varsovienne, Tyrolienne, Sicilienne, l'Imperial und Kracovienne als Gesellschaftstanz.

Detmold den 30. Juli 1856.

E. Moldt,
Tanzlehrer.

Detmold. Am Freitage dem 10. k. Mon. October feiert die hiesige Ressourcegesellschaft den 25sten Jahrestag ihrer Stiftung. Die Feier soll durch ein Festessen auf dem großen Saale des Rathhauses, Nachmittags 4 Uhr begangen werden. Den zeitigen Mitgliedern der Gesellschaft wird ein Circular mit der Aufforderung zur Theilnahme noch besonders zugehen.

Außerdem werden aber auch die früheren Mitglieder, welche in Folge einer Veränderung ihres Wohnorts an der Gesellschaft gegenwärtig nicht mehr Theil nehmen, hierdurch eingeladen, an dem Feste sich zu betheiligen, und über die Absicht der Theilnahme einem der unterzeichneten Mitglieder der Festcommission spätestens bis zum 4. k. M. Nachricht zu geben.

Auch wird bemerkt, daß Auswärtige, welche nicht Theilnehmer der Gesellschaft gewesen sind, von Mitgliedern der Gesellschaft zur Theilnahme an dem Feste in eben der Weise eingeführt werden können, wie die Einführung bei sonstigen Festlichkeiten der Gesellschaft, den Statuten gemäß, gestattet ist. Indeß ist die Zahl der einzuführenden Gäste ebenfalls spätestens bis zum 4. k. M. einem Mitgliede der Festcommission anzuzeigen.

Das specielle Programm des Festes soll in nächster Zeit durch Anschlag auf der Ressource bekannt gemacht werden.

Detmold den 19. Sept. 1856.

Die Festcommission der Ressourcegesellschaft.

Heldman. Runnenberg. Pustkuchen. Horrmann.
Groskopf. Petri.

Oben links: Fürstl. Lipp. Reg.- und Anzeigeblatt, 1856, S. 508.

Oben rechts: Fürstl. Lipp. Reg.- und Anzeigeblatt, 1856, S. 605.

Links u. rechts: Schlichtheit in den Familienanzeigen war im 19. Jahrhundert – selbst bei Familien der „Gesellschaft" – selbstverständlich und ausschließliche Regel. Aus: Fürstl. Lipp. Reg.- und Anzeigeblatt, 1856, S. 367, und 1859, S. 336.

Statt besonderer Anzeige.

LOUISE KLINGENBERG,
EDUARD KELLNER,
Premier-Lieutenant.

Verlobte.

Detmold, im Mai 1859.

Todes-Anzeigen.

Detmold. Am 22. d. M., Morgens 2 Uhr, wurde meine Schwester Helene von Meien, ihrem sie innigst liebenden und verehrenden Familienkreise durch einen sanften Tod entrissen.

Detmold den 23. Mai 1856.

Der Reg.-Präsident v. Meien
nebst Familie.

Die Ressource (um 1840)[1]

Nach dem Theater gab es noch eine andere Anstalt, welche zur Unterhaltung der Gesellschaft diente, an welcher aber der Fürst (Leopold II.) keinen Anteil hatte. Dies war eine Art Klub, welchem man den französischen Namen „Ressource" (= Hilfsmittel, -quelle) gegeben hatte, anstatt ihn einfach Verein oder etwas dergleichen zu nennen. (Sie bestand seit dem Oktober 1831. Ihre Räumlichkeiten befanden sich damals im Rathaus.) Da vereinigten sich die Herren der Gesellschaft; die Familienväter, besonders aber die jungen, unverheirateten Leute, verbrachten da einen großen Teil des Tages und fast immer die Abende, um Zeitungen zu lesen, Karten und Billard zu spielen, Wein und Bier zu trinken, die Neuigkeiten der großen und kleinen Welt zu besprechen und unglaubliche Massen von Tabakswolken in die Luft zu schikken. Am Sonntag abend war auch den Damen der Zutritt gestattet, und dann nahm das Ganze einen anderen Anstrich an. Die Herren erschienen im Frack, die Pfeifen und Zigarren verschwanden, die älteren Herren und Damen spielten Karten, die jungen Leute unterhielten sich mit Gesellschaftsspielen, mit Gespräch und Tanz. Einmal im Monat war ein großer Ball. In solch einem Verein aber konnte ein jeder mittelst eines kleinen Beitrags sich mit seinen Bekannten treffen und der Freuden der Geselligkeit genießen, ohne daß es seine Mittel überstieg. Der Ton, der in diesen Vereinen herrschte, war sicher nicht der letzte Ausdruck feiner geselliger Bildung; aber da wo – (wie in Detmold) – ein kleiner Hof, ein gutes Theater, ein treffliches Gymnasium, eine gute Töchterschule und einige Männer von Geist und Verdienst in den Wissenschaften sich vorfanden, herrschte doch eine gewisse Erhebung in den Ideen, welche sich den Manieren und dem Ton der Unterhaltung mitteilte.

1 Nach: Meysenbug, Malvida von, Memoiren einer Idealistin, Stuttgart 1876, Bd. 1 – Siehe auch: Mitteilungen aus der lippischen Geschichte und Landeskunde, Bd. 22, 1953, S. 45 f.

Am 31. Oktober 1906 feierte die „Ressource"-Gesellschaft ihr 75. Stiftungsfest. Das Foto zeigt die Teilnehmer einer Tanzdarbietung.

Ressourceleben[1]

. . . Kein Wunder, wenn . . . so manches Auge nach diesen Räumen (im Rathaus), die ihm verschlossen sind, hinaufschaut, denn in Detmold ist Ehre, Reputation, Stand etc. von der Mitgliedschaft in der Ressource abhängig. Über jedes Mitglied wird ballotiert; die Zahl der jetzigen Mitglieder beträgt hundert und einige sechzig, jedes bezahlt einen jährlichen Beitrag von 6 Rtl. . . .

Das Leben auf der Ressource beginnt, da man in Detmold spät aufsteht, zwischen 10 und 11 Uhr morgens, dauert dann bei Straßengaffen, Billard und 66-Spielen und flüchtiger ambulativer Konversation bis 1 Uhr, wo nach eingenommenem Mittagsmale zwar einige ruhige Zeitungsleser sich wieder einfinden, der Hauptstock schwärmt aber hinaus nach Bergmann, Hiddesen, Heiligenkirchen oder dem Falkenkruge, um in aller Gemütlichkeit bei einer Tasse Kaffee oder einem Seidel Bier die zögernden Nachmittagsstunden zu vertändeln. Gegen 6 Uhr füllen sich wieder die Räume der Ressource, ein Teil der Gesellschaft sondert sich mit scheuen, hastigsuchenden Blicken bald ab in das Spielzimmer, wo 7 bis 8 L'Hombre- und Whist-Partien sich arrangieren, eine jede mit 2 bis 3 stummen Zuschauern, die den lieben langen Abend den Launen des Spiels die ungeteilteste Aufmerksamkeit schenken. Wir gehen zurück in die anderen Zimmer; gruppenweise wird hier konversiert, liberal und freisinnig ist jeder, wie gerade die Tageszeitung den Ton gestimmt hat: Gegen den Landtag zu reden ist fast eine Sünde gegen den guten Ton, in Indolenz sucht einer den anderen zu überbieten, mit Meilenstiefeln wird die Politik durchschritten, wirkliche Teilnahme und wahres Interesse für die großen Fragen, welche jetzt die Welt im Großen und Kleinen bewegen, nirgends. Man räsonniert wohl zuweilen von der Frankfurter Versammlung, von der Reichsverfassung und von den Grundrechten, schimpft auf Preußen und spielt den Republikanischen, immer wird man aber gleich an „Frische Heringe mit alten Köpfen" erinnert. Nur zuweilen, wenn eine Einladung zur Unterschrift für Austern, Bälle, Konzerte usw. ausgelegt ist, werden die Geister munter, es erhebt sich eine ernste Debatte über die beste Sorte der Austern, ob die Ostender oder die Holländischen den Vorzug verdienen, so wie auch das Gespräch allgemein und belebt wird; da will dann jeder ein Kenner sein und ist auf diesem Lebensgebiet nicht zurückhaltend mit der Überzeugung seines Gaumens und seiner Zunge. Difficele est satiram non scribere[2], hier ist der Stoff, wo die Suffisance ihr Hauptquartier aufgeschlagen hat und vom hohen Olymp auf das Erdenleben herabschaut . . .

1 Nach einer Darstellung der Lippischen Volkszeitung vom Jahre 1850, nachgedruckt in: Lippische Post, 1906, Nr. 148, vom 27. 6. 1906.
2 Es ist schwer, eine Satire nicht zu schreiben.

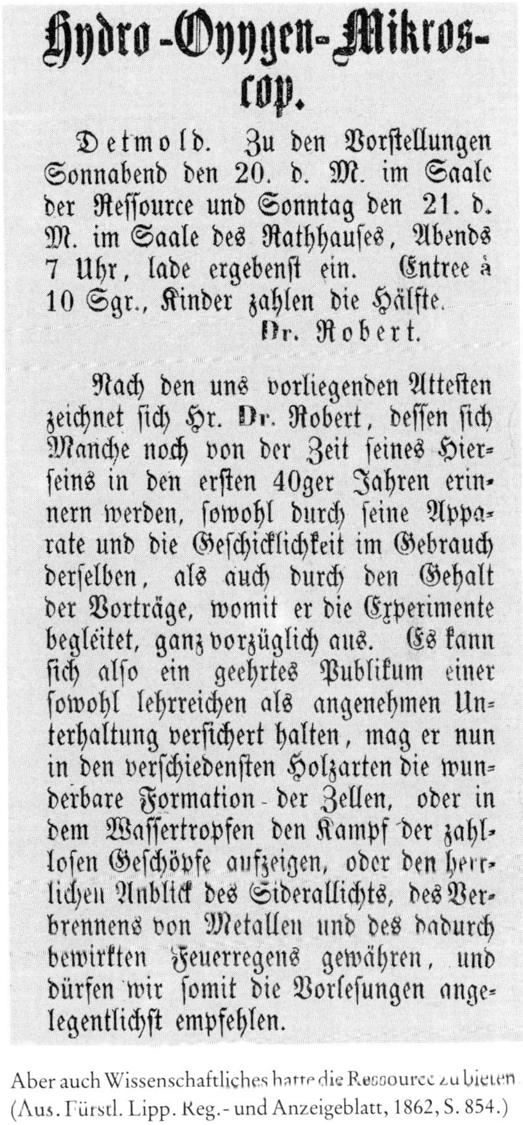

Hydro-Oxygen-Mikroscop.

Detmold. Zu den Vorstellungen Sonnabend den 20. d. M. im Saale der Ressource und Sonntag den 21. d. M. im Saale des Rathhauses, Abends 7 Uhr, lade ergebenst ein. Entree à 10 Sgr., Kinder zahlen die Hälfte.

Dr. Robert.

Nach den uns vorliegenden Attesten zeichnet sich Hr. Dr. Robert, dessen sich Manche noch von der Zeit seines Hierseins in den ersten 40ger Jahren erinnern werden, sowohl durch seine Apparate und die Geschicklichkeit im Gebrauch derselben, als auch durch den Gehalt der Vorträge, womit er die Experimente begleitet, ganz vorzüglich aus. Es kann sich also ein geehrtes Publikum einer sowohl lehrreichen als angenehmen Unterhaltung versichert halten, mag er nun in den verschiedensten Holzarten die wunderbare Formation der Zellen, oder in dem Wassertropfen den Kampf der zahllosen Geschöpfe aufzeigen, oder den herrlichen Anblick des Siderallichts, des Verbrennens von Metallen und des dadurch bewirkten Feuerregens gewähren, und dürfen wir somit die Vorlesungen angelegentlichst empfehlen.

Aber auch Wissenschaftliches hatte die Ressource zu bieten
(Aus. Fürstl. Lipp. Reg.- und Anzeigeblatt, 1862, S. 854.)

Detmolds alter Turnverein[1]

Eine der für das Leben in der Residenz „Anno dazumal" bedeutenden Vereinigungen ist zweifellos der Turnverein von 1860, dessen Gründungstag mit dem 14. 9. 1860 angegeben wird. Den letzten Anlaß zu einer Konstituierung gab die Veröffentlichung vom 6. 9. 1860[2] mit dem Wortlaut: „Da uns von wohllöblichem Magistrat die Erlaubniß einen Männer-Turnverein zu errichten, erteilt ist, so ersuchen wir freundlich diejenigen jungen Leute hiesiger Stadt, welche Vergnügen daran finden, dem Verein beizutreten, sich Montags, Mittwochs und Freitag Abends 8 Uhr auf dem Turnplatz hinter dem Gymnasium einzufinden. Detmold, den 6. September 1860. Der Vorstand." Anfangs waren 46 Personen der Organisation beigetreten, die es nach ersten Schwierigkeiten vermochte, Ende 1863 etwa 200 Mitglieder zu zählen. Nachdem der Konsistorialrat Heinrichs in dieser „ersten Glanzzeit des Vereins" die sogenannte Hermannsfahne übergeben hatte – sie hatte vorher der hiesigen Liedertafel gehört –, stifteten Detmolder Frauen eine zweite Fahne, womit am 27. 9. 1863 eine offizielle Fahnenweihe im Rathaussaal verbunden war. Durch Initiative des Vereins erlebte Detmold am 10. 9. 1865 das 1. Lippische Turnerfest. Doch ging in den folgenden Jahren die turnerische Aktivität sehr zurück. Diese Entwicklung wendete sich erst wieder nach 1869, anfangs allerdings vornehmlich durch Veranstaltung von Bällen und Theateraufführungen. Das Turnen selbst trat erst 1872 wieder in den Vordergrund. Natürlich war der Verein

Die Attraktivität des Detmolder Turnvereins von 1860 schon um die Jahrhundertwende wird dadurch dokumentiert, daß damals bereits eine recht große Altenriege bestand, die sich hier im Jahre 1900 dem Fotografen gestellt hat.

Identifiziert werden konnten:
Von links, obere Reihe:
Hermann Röhrmann, August Kühne, Wilhelm (oder Fritz?) Beerensmeier;
2. Reihe:
Ernst Thalheim, Otto Schmidt, Theodor Gustloff, Heinrich Hahne, ?;
3. Reihe:
Hermann Werkmeister, Heinrich Kohlus, Otto Binz, Bernhard Kanne, August Düstersiek, August Wantrup, Ferdinand Düstersiek;
4. Reihe:
Heinrich Lüdeking, Arnold Niermann, Adolf Uhle, Hermann Fülle, Max Dormeyer, Conrad Lahmann, Richard Mattern.

in den folgenden Jahrzehnten bis in den 1. Weltkrieg hinein bei den verschiedenen „vaterländischen Großveranstaltungen" stets aktiv vertreten. Im Februar 1882 bildeten sich die „Alte Riege" und die „Turnkneipe Thusnelda", 1890 die „Jugend-Abteilung", 1894 die „Radfahrer-Riege" und 1899 die „Frauen-Abteilung" (mit anfangs 33 Mitgliedern).

Nachdem der Verein am 24. 2. 1908 einen Fonds zum Bau der Turnhalle ins Leben gerufen hatte, konnte das Gebäude an der Werrestraße (heute Georg-Weerth-Straße) 1913 eingeweiht werden. Es hat auf einem vom Fürsten Leopold IV. geschenkten Grundstück bis vor einigen Jahren bestanden, dann aber dem jetzigen Neubau Platz machen müssen.

1 Dargestellt nach: 100 Jahre Deutsches Turnen im Detmolder Turnverein von 1860, 1860–1960, (Detmold 1960), S. 16 ff.
2 Fürstl.-Lipp. Reg.- und Anzeigeblatt, Jg. 1860, Nr. 36, S. 554.

Wohl das älteste fotografische Dokument über Mitglieder des Detmolder Turnvereins von 1860 ist diese Aufnahme vom 10. September 1865. Sie zeigt die Teilnehmer am 1. Turnfest in unserer Stadt:
stehend von links: Schuhmachermeister Conrad Grote, Schneidermeister Pieper, Schauspieler Becker, Postsekretär Tausch, Buchbinder Stein und N.N.;
sitzend: Sekretär Varenholz, Hofmusikus Hoppe, Goldarbeiter Wirsing, Buchdrucker Regenthal und Schreiber Schneider;
liegend: Schneidermeister Schröder und Lithograph Ziescher.

Hanteln und Bierkrüge – beides wußte man zu stemmen. Festplakat vom Jahre 1907.

Das erste lippische Turnerfest
am 10. Septbr. c.

Detmold. Indem wir die Bürger u. Einwohner hies. Stadt zu dem am nächsten Sonntag stattfindenden ersten, lippischen Turnfeste hiermit freundlichst eingeladen haben wollen, erlauben wir uns die Bitte, die Häuser mit Flaggen etc. möglichst zu schmücken, um der Stadt ein festliches Ansehn zu geben.

Detmold, am 4. Septbr. 1865.

Der Festausschuß.

Festordnung

zum ersten Turntage und Turnfeste des lippischen Turnerbundes am 10. Septbr. 1865. zu Detmold.

8 —10 Uhr Vorm. Empfang der fremde Turner im Vereinslocale
$11\frac{1}{2}$— 1 Uhr Mittag. Turntag
1 — 2 „ Nachm. Festessen im Vereinslokale (Couv. à $7\frac{1}{2}$ Sgr.)
3 — Uhr Nachm. Versammlung auf dem Gymnasial-Turnplatze.
$3\frac{1}{2}$ — Uhr Nachm. Abmarsch von da zum Festplatze beim Falkenkruge. Festrede, gesprochen vom Vorst. des Lemgoer T. V. v. Sode.
4 — $4\frac{1}{4}$ Uhr Nachm. Freiübungen mit Musikbegleitung.
$4\frac{1}{4}$— 5 Uhr Nachm. Riegenturnen.
5 — $5\frac{1}{4}$ Uhr Nachm. Frei- u. Ordnungsübungen des Detmolder Turn-Vereins mit Musikbegleitung.
$5\frac{1}{4}$— 6 Uhr Nachm. Preisturnen. Schlußrede vom Vorsitzenden des Vereins u. Preisvertheilung.
$6\frac{1}{2}$ Uhr Abends Illumination.
8 „ „ Rückmarsch nach dem Vereinslocale.

Commers u. Unterhaltungsmusik das. (Festbeitrag $2\frac{1}{2}$ Sgr.)

Die hohen Behörden, sowie alle Freunde des Turnwesens werden hiermit freundlichst eingeladen.

Detmold den 30. August 1865.

Der Fest-Ausschuß.

Aus: Fürstl. Lipp. Reg.- und Anzeigeblatt, 1865, S. 723.

Am 11ten im 11ten im Jahre 1911 warben die Turnerinnen für die Finanzierung des Turnhallen-Neubaus.

Der erste Festabend der Turnerinnen in der neuen Turnhalle des Vereins.

Nach der Satzung des Turnvereins von 1860 war den Mitgliedern während der Turnstunden die Aufnahme alkoholischer Getränke untersagt. Wen wundert es, daß sich schon im Jahre 1882 eine Turnerkneipe bildete, die sich „Thusnelda" nannte. Das 20jährige Stiftungsfest dieser Gemeinschaft bot Gelegenheit zu einem der damals beliebten Gruppenfotos.

Der Turnverein von 1860 veranstaltete Anfang Juli 1930 ein Turnfest am Krummen Haus. Altturner Arnold Niermann bei einer Übung am Pferd.

Im Jahre 1913 konnte die neue Turnhalle des Turnvereins von 1860 fertiggestellt und eingeweiht werden. Diese Aufnahme stammt aus dem Eröffnungsjahr. Inzwischen ist das Gebäude in der Georg-Weerth-Straße (früher Werrestraße) einem modernen Neubau gewichen.

Über das Vereins- und Gesellschaftsleben 1887[1]

. . . Beginnen wir heute mit dem Vereins- und Gesellschaftsleben in der Residenzstadt. Wenn wir die Namen aller hier existierenden Vereine aufführen sollten, so würden wir in nicht geringe Verlegenheit kommen, da ihre Zahl eine außerordentlich große ist und manche wenig bekannt sind. Eine Klasse derselben ist der Förderung der Bildung im allgemeinen oder einzelnen Zweigen der Wissenschaft insbesondere gewidmet, wie z. B. der Naturwissenschaftliche Verein, der Bildungsverein, die Lesevereine, der stenographische Verein usw. Eine andere Klasse ist auf die Pflege des Gesanges gerichtet und noch eine Klasse verfolgt religiöse und kirchliche Zwecke . . .

In gesellschaftlicher Beziehung nimmt Detmold eine eigentümliche Stellung ein. Besonders wird von Fremden, welche nach hier übersiedeln, sehr über den hier herrschenden sogenannten Kastengeist geklagt. Ja, der Kastengeist ist hier sehr stark ausgebildet. Das hat aber Detmold mit den kleinen Residenz- und allen anderen Städten gemein, in welchen das Beamtentum dominiert. Trotzdem läßt es sich hier ganz gemütlich leben, da ein jeder, der nicht zu hohe Ansprüche an das gesellschaftliche Leben macht, mit Leichtigkeit einen Kreis Gleichgesinnter findet, mit welchen er ganz angenehm verkehren kann.

1 Aus: Lippische Post, 1887, Nr. 111, vom 20. 9. 1887.

Im Jahre 1894 formierte sich die Radfahr-Riege des Turnvereins von 1860. Ihre Mitglieder zeigt dieses Foto aus demselben Jahr: von links: Martha Vialon, Ernst Thalheim, Lilly Vialon, Ludwig Becker, Johanne Frevert, Bernhard Schlepper. Der Junge im Hintergrund ist Walter Schuster, Sohn des Stadtbaumeisters Schuster.

300jähriges Jubiläum der Bürgerschützen[1]

Wir hatten gestern Gelegenheit, die zu den diesjährigen großen Festlichkeiten eingeführten Armbrüste in Augenschein zu nehmen; diese vor 300 Jahren noch gebräuchlichen, der Historik genau entsprechenden Tellsgeschosse sind vorzüglich ausgeführt und werden mit Pfeilen und Bleibolzen geladen. Es werden 5 Stände zu diesem Zwecke eingerichtet, wobei auch den verehrlichen Damen Rechnung getragen wird. Diejenigen Bürger und jungen Leute, welche sich noch als Mitglieder zu diesem großen Jubelfeste aufnehmen lassen wollen, mögen dieses so schnell wie möglich tun. Herr B. Kotzenberg hierselbst, Lagesche Straße, nimmt gern Anmeldungen entgegen. In ca. 8 Tagen wird zum ersten Male die Trommel gerührt werden zwecks Schlagen des Generalmarsches. Wohllöblicher Magistrat hierselbst hat den Schützen die vor 300 Jahren gebräuchlichen, langen historischen Trommeln gütigst zur Verfügung gestellt.

1 Aus: Lippische Tages-Zeitung vom 22. 6. 1900.

Eine Gruppe Detmolder Bürgerschützen im Jahre 1882.
Der Vorstand mit dem Oberst (links) und dem Adjutanten (rechts). (Schützenkönig war 1882 Bürgermeister Theodor Petri.)

FEST-ORDNUNG
für die Feier des
Schützenfestes zu Detmold
am 10. 11. u. 12. Juli 1868.

Freitag, d. 10 Juli.

Morgens 5 Uhr: Reveille.
6 Uhr: Generalmarsch und Versammlung des Bataillons auf dem Marktplatze.
6½ Uhr: Choral.
7 Uhr: Festzug durch die Stadt. Ausmarsch nach dem Schützenplatze.
9 Uhr: Empfang des Magistrats u. d. übr. Ehrengäste.
9½ Uhr: Eröffnung des Königsschiefsens, während dessen Harmonie-Musik.
Nach Eröffnung des Königsschiefsens beginnt das Preisschiefsen nach den Vergnügungsscheiben, woran nur Schützen u. Festgenossen Theil nehmen können.
Von 12-3 Uhr: Pause bei dem Königsschiefsen.
1 Uhr: Allgemeines Festessen, während desselben Unterhaltungs-Musik.
3 Uhr: Fortsetzung des Königsschiessens.
Nachm. 4-6 Uhr: Concert-Musik.
Um 8 Uhr: Rückmarsch zur Stadt.

Sonnabend, d. 11 Juli.

Morgens 5 Uhr: Reveille.
6½ Uhr: Generalmarsch.
7 Uhr: Versammlung des Bataillons auf dem Marktplatze.
Ausmarsch nach dem Schützenplatze u. Fortsetzung des Königsschiessens, während desselben Harmonie-Musik und Schiefsen nach den Vergnügungsscheiben.
Von 12-3 Uhr: Pause bei dem Königsschiefsen.
1 Uhr: Allgemeines Festessen, während desselben Unterhaltungs-Musik.
3 Uhr: Fortsetzung des Königsschiessens, und Vertheilung der Preise an die besten Schützen.
4 Uhr: Empfang der Königin und Huldigung des Königspaars.
Hierauf Königs-Polonaise und Grofser-Festball.
Abends 12 Uhr: Schlufs.

Sonntag, d. 12 Juli Nachm.

Nach Beendigung des Gottesdienstes: Generalmarsch. u. Versammlung des Bataillons auf dem Marktplatz.
4 Uhr: Abholung des Königspaares und Ausmarsch nach dem Festplatz.
Daselbst: Allgemeine Volksbelustigungen.
7 Uhr: Beginn des grofsen Festballes und Morgens 3 Uhr: Schlufs.

NB. Die Musik wird ausgeführt von der Kapelle des 6t Westf. Inf. Reg. No 55. unter Leitung des Hrrn. Kapellm. Hintze.

Auswärtige Schützen haben freien Zutritt zu dem Feste, wenn sie von Seiten ihres Vorstandes vorher angemeldet werden.

Der Vorstand
der Detmolder Bürger-Schützen-Gesellschaft.

Das einzige bekannte Dokument, das über den Ablauf des Schützenfestes im Jahre 1868 berichtet.

Das große Jubiläum der Detmolder Schützen gab Veranlassung, diese Ansichtspostkarte herauszugeben.

Aus Anlaß des Schützenfestes im Jahre 1893, das zum ersten Male am Schützenplatz auf dem Hiddeser Berg stattfand, hat der Hofphotograph Raspe eine Fotomontage von der Jäger-Kompanie zusammengestellt, aus der ein Ausschnitt hier wiedergegeben ist:
hinten stehend: (in der Mitte) Ernst Raspe, (ganz rechts) Hartmann; hintere linke Gruppe (von links): Wilhelm Misca, N.N., Hunke, Frevert, Friedrich Beerensmeier; Fahnengruppe (von links): Jakob, N.N., G. Pieper, A. Ahlburg, Hartmann, Th. Haberbeck; vorn links: Ernst Gellrich, (sitzend) Alb. Heenen, (stehend) Schäfer, (liegend) Wilh. Gertz; vorn 2. von rechts: Strohmeier.

Links: Am 2. August 1885 errang der Schuhmachermeister Conrad Grote (später der erste Vorsitzende der hiesigen Handwerkskammer) die Würde eines Königs der „alten" Schützen. Man sieht ihn hier mit seinem Bruder Karl. Im Hintergrund rechts: Essigfabrikant Hermann Wilhelm Knöner, der 1889 König der „jungen" Schützen wurde.

Festkarte
zum
Schützenfest der jungen Bürgerschützen
am
9. und 10. August 1879.
DETMOLD.

G. Heynke Hoflith. in Detmold

Unten rechts: Wilhelm Rohlfs und Hans Sachs, zwei stämmige Vertreter des Kraftsport-Vereins „Cherusker". Um 1910.

Der Flurverein[1]

Während Detmolds „höhere Kreise" im vorigen Jahrhundert ihre Freizeit in der „Ressource" verbrachten, traf sich das Bürgertum zum Umtrunk und zur Unterhaltung an den Stammtischen ihrer Gastwirtschaften. Von diesen sollten um 1880 „Carl Meiers Restaurant" (jetzt: Detmolder Hof) und Fritz Brüggemeiers Künstlerkneipe „Arminiushalle" (an der Stelle des jetzigen „Hansahauses") einige Bedeutung für das gesellige Leben erlangen. Der Wirt Carl Meier hatte um 1877 seine Wirtschaft eröffnet, auf deren Flur sich sehr bald die „kleinen Leute" zum kurzen Frühschoppen trafen. Später gesellten sich auch Geschäftsleute usw. zu ihnen, so daß sich der eigentliche Ausschankbetrieb auf dem „Flur" abspielte mit der Folge: Die Gäste bezeichneten sich eben als einen „Flurverein". Man legte sehr bald ein Mitgliedsjournal an und pflegte sich beim Umtrunk mit der Mitgliedsnummer anzureden.

Auf der anderen Straßenseite, in Brüggemeiers seit 1860 bestehender Wirtschaft (Arminiushalle) verkehrten neben einigen Beamten besonders Sänger und Schauspieler des Hoftheaters. Zwischen dem Wirt, dem seit seiner Schulzeit zum eigenen Verdruß der Spitzname „Hähnchen" anhaftete, und seinem Vetter Edmund Tracht, einem Kölner Kaufmann, herrschte ein seltsames Verhältnis: Obwohl in freundschaftlichen Beziehungen zueinander verstand es Tracht bei seinen Besuchen in Detmold, den Vetter eben mit dessen Necknamen ständig zu reizen. So hatte er einmal mehrere lebende Hähnchen auf dem Markt gekauft, die er durch die alte Marktkarline durch das Fenster in die Wirtschaft expedieren ließ. Als er 1881 wieder einmal in Detmold war, überreichte er dem Wirt einen in Paris erstandenen „gallischen Hahn" aus Blech unter großem Applaus der anwesenden Gäste. Obgleich über das Geschenk erzürnt brachte Brüggemeier die Figur über der Eingangstür an, entfernte sie jedoch in erneutem Zorn nach wenigen Tagen und warf sie auf die Straße. Über solche Humorlosigkeit waren die Stammgäste dermaßen verärgert, daß sie ihr Lokal unter Mitnahme des Vogels endgültig verließen und zum „Flur" bei Carl Meier übersiedelten. Dort – im Kreise des Flurvereins beschloß man, den Hahn an der Straßenpumpe im Blickfeld von Fritz Brüggemeier anzubringen. Doch der Gehänselte drohte mit einer Beleidigungsklage. So gab man nach und nahm das Streitobjekt auf den Flur zurück. Es wurde dort sichtbar angebracht und so zum Maskottchen des nunmehr vergrößerten Flurvereins erkoren.

Der Verein hatte sich von Anfang an der Pflege der Geselligkeit verschrieben. Ein Vorsitzender galt ihm zu gering. So erwählte man einen Präsidenten. In der Folgezeit war der Zustrom neuer Mitglieder beträchtlich. Soll doch ihre Zahl um 1895 mehr als 500 gewesen sein! Wen mag es auch wundern, daß in Kreisen, wo so viele Theaterleute heimisch waren, Verse und Lieder zur Verherrlichung des Vereins aufkamen. Schon um 1890 soll der Baritonist Carl Greve im Theater bei einer Operettenaufführung seinen Text geändert und gesungen haben:

Im Flurverein bei Meier,
da ist das Bier nicht teuer.
Drum gehen stets mit frohem Sinn
des Mittags wir dahin.
Sagt selbst doch Löwenstein,
daß ihm im Flurverein
'ne Kapitalsanlag' sei lieber
als auf dem Aktienberg – – – Schwamm drüber!
(Aktienberg: heutige Brauerei Strate)

Gastwirt Fritz Brüggemeyer.
Um 1885

Ein Unbekannter jener Zeit fühlte sich zu der Feststellung bemüßigt:

Auch sitzen hier von früh bis späte
Regierungs- und auch andre Räte
und manchmal zwischen jung und alt
sogar ein echter Staatsanwalt.

Die ersten zwei Generationen des Flurvereins sind heute nicht mehr. Das Original des „gallischen“ Hahns – 1945 von britischen Offizieren als Zielscheibe für Schießübungen benutzt – mußte einer Nachbildung weichen. Unter ihr aber trifft sich allwöchentlich eine dritte Generation an ihrem Stammtisch, an dem man sich seit 100 Jahren der Geselligkeit verpflichtet fühlt. Man nennt sich Verein, und in Kürze wird ein Mitglied die Nummer 1 400 erhalten.

1 Quellen: Teutoburger Blätter, 1923, Nr. 31–35; Lippische Tages-Zeitung, 1930, Nr. 46; Lippische Landes-Zeitung, 1930, Nr. 46, 108, 110, 121, 133, 139; ebd., 1931, Nr. 178; Lippischer Dorfkalender, 1950, S. 133–135; Hacke, J., 100 Jahre Flurverein 1878–1978, Detmold 1978.

Der Stammtisch „Flurverein“ 1895 in „Carl Meyers Restaurant“ (heute: „Detmolder Hof“).

Rechts oben: Das Vereinssiegel.

Rechts Mitte: Trachts Original-Hahn.

Rechts unten: Die Form des jetzigen Maskottchens.

Restaurant Carl Meier.

Deutsche Reichspost.

Postkarte.

An

Herrn Gustav Bauer
aus Detmold
z. Zt. in Bielefeld

Wohnung (Straße und Hausnummer) Gesellschaft Eintracht

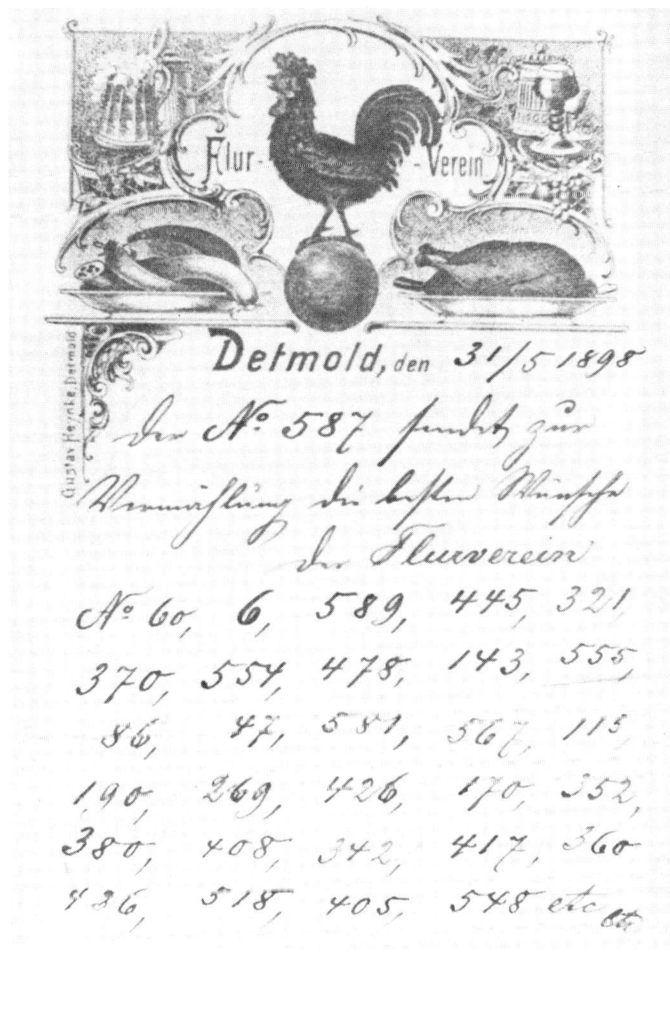

Detmold, den 31/5 1898

der No. 587 sendet zur Vermählung die besten Wünsche
der Flurverein

No. 60, 6, 589, 445, 321,
370, 554, 478, 143, 555,
86, 47, 581, 567, 115
190, 269, 426, 170, 552,
380, 408, 342, 417, 360
436, 518, 405, 548 etc etc

Links: Eine Glückwunschkarte von 1898, auf der die Mitglieder des Flurvereins entsprechend den Vereinsstatuten nur mit ihrer Mitgliedsnummer unterschrieben haben.

Um 1903 stellte sich die Ecke Lange/Krumme Straße in dieser Form dar. Bei dem Gasthaus „Arminius-Halle" (Lange Straße Nr. 20) handelt es sich um das frühere Restaurant von Fritz Brüggemeier. Dort verkehrte bis um 1880 ein profilierter Stammtisch von Bürgern und Schauspielern, die später den „Flurverein" in „Carl Meiers Restaurant" (heute „Detmolder Hof") gründeten. Bei dem Eckgeschäft handelt es sich um die „Blumenhandlung für Freud und Leid" von Carl von Ahn. An der Stelle dieses Fachwerkhauses befindet sich jetzt das „Hansahaus".

Der Detmolder Männer-Gesangverein in den Ruinen der Falkenburg im Jahre 1899.

Eingefleischte Junggesellen wollten sie sein, diese Detmolder jungen Leute, die sich zu Ende des 19. Jahrhunderts in einem sogenannten A(nti-)B(raut-)V(erein) zusammengefunden hatten. Auf dem Foto sind identifiziert: stehend 2. und 3. von links: Sarstedt und Carl Grote; sitzend von links: 1. Schlüter, 3. Klingenberg, 4. Hermann Fahsel; ganz rechts: August Deppe (Foto: Aug. Blanke. Um 1900).

Gedenktage

der

Gesellschaft Immergrün

in

Detmold.

1860 – 1902.

Aus zerstreuten Notizen zusammengestellt

von

Reinhard Schmidt, Kanzleirat a. D.

Detmold 1902.

Druck von Fritz Metzentin in Firma Gustav Heynke

Unser Immergrün hat im Laufe der Jahre mit seinem Namen mannigfache Wandlungen durchgemacht, wie humoristische Wochenschau, Kommissions-Bureau, Geh. Ratsversammlung pp., bis endlich das schöne Gedicht unseres Freundes Kliem diesem Schwanken ein Ende machte und am 10. Februar 1872 der Verein den richtigen Namen „Immergrün" erhielt, die Tanne als sein Symbol erwählend.

Trotz dieser und anderer Wandlungen und obgleich in den vierzig Jahren seines Bestehens die Reihen seiner Mitglieder sich oft gelichtet haben, aber durch neue Kräfte ergänzt worden sind, ist doch das Fundament unseres Vereins — die Freundschaft — von Anfang an bis auf den heutigen Tag stets dasselbe geblieben und wird immer von uns hochgehalten werden.

Geselliges und gemütliches Beieinandersein, gegenseitige freundschaftliche Teilnahme der Mitglieder in Freud und Leid bis zum Grabe, Förderung alles Guten und Schönen, Pflege des Gesanges, Heimatsliebe und Freude an der Natur und in deren Gefolge alljährlich mehrfache Wanderungen in unserem schönen Lipperlande und über seine Grenzen hinaus. Das sind die Ziele, welche der Immergrün verfolgt und die uns körperlich und geistig frisch erhalten haben.

Aus dem bunten Kranze unserer geselligen Zusammenkünfte und unserer Ausflüge in Wald und Feld wird wohl jedem unserer Freunde ein herrliches Stück Lebensgeschichte voll schöner Erinnerungen vor die Seele treten.

Drum laßt uns das Leben genießen,
So lang uns der Frühling noch lacht,
Und ruhn wir einst unter dem Rasen,
Wird gern auch wohl unser gedacht!

Diese Gesellschaft hatte im Gegensatz zur „Ressource" oder zum „Flurverein" nur eine kleine Mitgliederzahl (1865: 18; 1875: 22; 1890: 16). Am 1. Januar 1902 waren es (unter Angabe des Eintrittsjahrs und ihrer Spitznamen): 1. Hofmaurermeister Fritz Baumann (1888, Baumeister); 2. Buchdruckereibesitzer Fritz Böger (1875, –); 3. Hofkürschner Arnold Hasenclever (1867, Hermelin); 4. Hofstaats-Sekretär Fritz Holzkämper als Präsident (1860, Reichs-Archivar); 5. Sekretär Karl Kluchhohn (1860, Gänsekiel); 6. Hofbuch- und Steindruckereibesitzer Fritz Metzentin (1888, Senefelder); 7. Stadtrentmeister Heinrich Remming (1875, Vorschuß); 8. Kanzleirat Reinhard Schmidt (1860, Titus); 9. Sekretär Albert Solveen (1870, Reichs-Mundschenk); 10. Sekretär Fritz Varenholz (1866, Präsident); 11. Landessparkassen-Rendant Heinrich Weber (1866, Reichs-Säckelmeister); 12. Goldarbeiter Theodor Wirsing (1871, Goldonkel).

Deu Varus-Schlacht

Med der grauden, frechen Schniuden
Keumen mol viel Keerls van biuden,
Achter iut Italien an.
Vörne reit seun grauden Mann,
Deu Quintilius Varus.

Os se niu int Lippske keumen,
Kriegen se Hunger unnern Reumen,
Deupe gink et dür'n Dreck,
Un se kriegen nicks os Speck
Un seun bieden Wader.

In den grauden Lippsken Waule
Gink de Wuind seu unwuis kaule,
Kreigen flögen dür de Luft,
Un et was seun schlechten Duft,
os van dauen Minsken.

Do up eunmol achtern Hüchten
Feng et gräulich an teu lüchten,
Herm, de greip de Römer an,
Kreig sik gluiks den grötsten Mann,
Stak en up de Forken.

Un dann feng'n seu an to höppen,
Dat se quaken os de Pöppen,
Drieben se oll in eunen Kolk,
Un dat ganze Liusevolk
Moste drin vosiupen

Varus kreig'n grauden Schrecken,
Kinner, döt es teun Vorecken.
„Tilius, kruig duin Schwert herriut,
Stekt mui achter dür de Hiut
Midden in de Panzen."

Manken düssen grauden Troppe
Was auk'n Keerl met'n open Koppe,
Eun Avkode, dat was heu,
Un den feng'n lebennig seu
Up de Puiwitzheue.

Düssen Keerl, den genkt ant Ledder,
Heu vodeun et auk nich bedder,
Kriegen en buit Kamisol,
Stoiken en up eunen Pol,
Un dann dreig'n se'n ümme.

Os dat Schlon niu was teu enne,
Wosk sik Hermann suine Henne,
Reup dann: „Jungens, kumt mol heer!"
Un dann kam dat ganze Heer
Un fenk an teu siupen.

Beuer gaft un Schwuineschinken
Auk de Wuiwer mössen drinken,
Un Tusnelde un ehr Mann
Siupen sik 'n lüttken an,
Dat et man seu dampe.

Kaiser Justus satt buin Eden,
Heu woll grad en Pfau upfreden,
Do kam niu de Noricht an,
Dat suin Heer met Roß un Mann
Wör buin Kaulpodde blieben.

„Varus", reup heu, „leuwe Vedder,
Gif mui de Saldoden wedder!"
Doch suin Sklawe Jüsken Schmett
Reup van biuden dür dat Lett:
„Deu sind olle daude!"

Un tau Ehrn van düssen Saken
Leuden wui us 'n Denkmal maken,
Dat dat scheune Lippske Land
Wör in oller Welt bekannt.
Un seu is't auk kumen.

Die „1900-Jahr-Feier der Schlacht im Teutoburger Walde" vom 15. bis 21. August 1909 war für die Detmolder wohl das wichtigste Ereignis vor dem 1. Weltkriege. Noch einmal glaubte man sich in die alte Zeit versetzt, als Heinrich Thorbecke, Hermann Knöner und Felix Wittenstein den großen Festzug organisierten. Obiges Bild zeigt daraus den Festwagen „Altgermanische Trauung". Den Bräutigam stellte der Müller Krineß und die Braut Frl. Emmy Höthker aus Lemgo dar. Das Foto entstand am Aufstellplatz in der Ameide.

2. von links: Minna Kaul als Brautmutter

„Hermann der Cherusker“ (dargestellt von Robert Scharenberg, Pächter des Rittergutes Braunenbruch). Im Vordergrund „Germanische Priesterinnen“ (dargestellt von Ella Kesting, N.N. Schulte, H. Kemper, N.N. Husemann, N.N. Honerla).

„Thusnelda“ (dargestellt von Frl. Emma Ewe aus der Hambruchtwete); Edeldamen: Else Piderit, E. Petri, Gertrud Peter, N.N. Weber, Erna Grabbe, N.N. Honerla, N.N. Meyer, von denen zwei auf diesem Ausschnitt fehlen.

Die Häuser waren festlich geschmückt. Hier: Friseur Carl Schmidt, Schülerstraße 2, mit Familie.

Ein Erinnerungsfoto an Detmolds „Großes Ereignis".

Auf diesem Foto aus dem Jahre 1909 sind namentlich bekannt:
1. Heinrich Dörrie, 2. Emil Becker, 3. Frl. Henning, 4. N.N., 5. Schlachter Kate, 6. Felix Wittenstein, 7. Arnold Pilgrim.

Vorder- und Rückseite eines Notgeldscheines von 1920 aus der Serie „Die Hermann-Schlacht".

Die „Pankgrafen" kamen

Im Juni 1909 fiel sie ins Lipperland ein, die „Pankgrafen-Vereinigung von 1381" aus Berlin „bei Wedding an der Panke", mit 304 Mann. Wer war sie? Lassen wir die in Bordeaux erscheinende „La Petite Gironde" sprechen, die am 9. 12. 1909 unter der Überschrift „Les Pankgrafen ou les conquérants pacifiques" (Die P. oder die friedlichen Eroberer) ihren umfangreichen Artikel begann: Den Sammelnamen Pankgrafen (die Panke ist ein Bach in Berlin, der das Stadtviertel Pankow durchfließt) führen lustige Brüder, große Liebhaber des Weißbieres, Spaßmacher und Schöpfer jener Bonmots, die das Wort „Witz" bezeichnet und charakterisiert. Es sind behäbig-würdige Bürger der Hauptstadt, Männer aus Finanz- und Handelskreisen, Fabrikanten, Beamte, Handwerker. Sie tragen Kostüme aus der Zeit Maximilians I. . . .

Von Hameln aus kamen sie über Horn (Externsteine) in die Residenz, gewürdigt durch eine Sonderausgabe der Lippischen Landes-Zeitung.

Detmold, den 26. Juni 1909.

Pankgräflich Lippische

Landes-Zeitung

Verantwortlicher Redakteur: Max Staercke, Detmold. — Druck der Meyerschen Hofbuchdruckerei, Detmold

Sonder-Ausgabe.

Die Pankgrafen in Lippe.

Der Flur-Verein ließ durch ein Mitglied folgenden Willkommengruß an die Pankgrafen überreichen:

Detmold, am Tage Pelagius 1909.

Hochgeehrte Herren! Liebwerte Pankgrafen!

Sintemalen es Euch gefallen, Eure Schritte dank dem schnaubenden Ungeheuer nach unserem geliebten Detmold zu richten, entbieten wir Euch treudeutschen Gruß! Schon einmal hat ein würdiger Graf Eurer Gemeinschaft eine Fahrt durch die lippischen Gauen angetreten. Es war am Tage Pankratius im Jahre des Heils 1460 als Eno von Gleichen-Ungleichen unser Stammlokal mit seiner Gegenwart beehrte. Es herrschte eine ganz gewaltig bittere Kälte und da damals schon auch die heute noch beliebten „Germanen"-Oefen bei uns im Gebrauch waren, hat er sich während dreier Tage häuslich bei uns niedergelassen (vergl. Archiv des Flurvereins), und hat diverse „Eisbrecher" (Macon, Cognac, Rum und Aqua destillata — aber nur ganz gering) zu sich genommen. Ueber seinen Aufenthalt in Detmold hat er sich mit Tränen der Rührung in den Augen ausgesprochen.

Leider kehrte er nicht wieder, wie das Archiv erzählt.

So wir nun auch, ohne uns zu schmeicheln, in etwas trinkfest sind, rufen wir der gesamten edlen Pankgrafenschaft ein herzliches Willkommen zu.

892 Mitglieder des Flurvereins.

Ehren- und Oberpräsident und die elf Vizepräsidenten.

J. A.: Der Haupthahn.

Wo wir wohnen: Ihr seht's am goldenen Hahn auf der Langenstraße!

Ihr Sonderzug brachte sie gegen 19.00 Uhr, und Detmolds Oberbürgermeister Wittje übergab ihnen den Stadtschlüssel als Zeichen der Unterwerfung für eine Nacht und einen Tag. Sie brachten Trubel in die Stadt und feierten mit den Detmoldern im „Odeon“ bis in den frühen Morgen. Der Detmolder Turnverein begeisterte sie mit einem Schauturnen am Reck. Am Sonntag morgen enthüllten die Gäste am Hermanns-Denkmal den „Pankgrafenstein“ (1949 von kurzsichtigen Bilderstürmern zugunsten der sogen. „Friedensgesellschaft“ umgemodelt) und zogen nach Rückkehr in die Stadt zur Fürstenhuldigung in den Hof des Residenzschlosses (siehe Photo). Nach anschließendem Festmahl auf der „Ressource“ beendeten die Pankgrafen ihre 529. Ritterfahrt und bestiegen gegen Abend ihren Sonderzug. Der „Auftakt“ zur „1900-Jahrfeier“ im August war zu Ende. Nur einer der Pankgrafen hat die Abfahrt des Zuges verpaßt.

Dem Fürsten wollten sie huldigen, doch der war nicht in Detmold. So mußte man mit einer Begrüßung durch die fürstliche Familie vorlieb nehmen.

Die Lemgoer „Sonntagspost" schießt gen Detmold

Der von einer Gesellschaft junger Leute projektierte Maskenball ist wegen allzu großer Nähe der Fastenzeit abermals zu Wasser geworden; wie überhaupt die Realisierung ähnlicher größerer gesellschaftlicher Vergnügungen hier meistenteils ins Nichts zerfällt. Bezeichnend für die Detmolder Verhältnisse ist die Tatsache, daß man gewöhnlich schon recht frühzeitig, im Sommer, mit der Besprechung des Maskenballs beginnt und so lange überlegt, bis die passendste Zeit verflossen ist. In gleicher Weise geht es dort mit den Schützenfesten ebenso. Im Winter hört man dort nicht selten in Gesellschaften die lebhaftesten Debatten über das im folgenden Sommer abzuhaltende Schützenfest. Kommt die Zeit zu einem solchen Vergnügen endlich heran, spricht man schon wieder von den Winterfreuden. Die passendste Zeit verstreicht, und im Herbst besinnt man sich, daß man doch kein Schützenfest gefeiert hat. Man tröstet sich eben mit der Hoffnung, im nächsten Sommer vielleicht ein solches Fest zustande zu bringen. (Jg. 1860, S. 32)

Am 5. März feierte die Perpetua-Gesellschaft ihr 25jähriges Stiftungsfest. Es ist dies neben der seit 1831 bestehenden Ressource der einzige Verein, der sich in Detmold einer langen Lebensdauer zu erfreuen und daher ein volles Recht auf seinen Namen erworben hat. Wer da weiß, aus welch verschiedenartigen, widerstrebenden und sich gegenseitig bekämpfenden Mischungen die dortigen gesellschaftlichen Elemente bestehen, wie mannigfach die Kreise derselben sich klassifizieren und abgrenzen, und wer die kleinlichen, oft ans Lächerliche streifenden Absonderungen kennt, dem wird es Wunder nehmen, wenn trotz dieser ungünstigen Einwirkungen die „Perpetua" einen solchen Ehrentag feiern konnte. (Jg. 1864, S. 42 f.)

Zu dem Schadenfeuer in Meinberg am 9. Nov. ist noch zu bemerken, daß die Heidenoldendorfer Wehr bereits Detmold passierte, als die Bewohner unserer Stadt noch berieten, wo der Brand wohl sein möge. Dann aber begann auch unsere Feuerwehr sich mächtig rühren. Der Anführer ging die einzelnen Männer aufzusuchen, doch stieß er leider auf verschiedene faule Mitglieder, die es mit der Äußerung „ich will den Deubel tun, bei Nacht nach Meinberg zu fuhrwerken" vorgezogen haben, lieber hinterm Ofen bei einer Tulpe Dortmunder und dem 66-Spielchen zu bleiben. Doch schließlich gelang es, ein bescheidenes Häuflein zu gewinnen. Die Feuerwehrspritze wurde auf die Straße befördert, Kommandorufe erschallten, der Knecht des Maurermeisters Röding wurde aufgefordert, ein Paar Pferde vor die Spritze zu spannen. Doch als man mit diesen erschien, stellte man fest, daß die Spritze nur darauf eingerichtet war, von Menschenhand gezogen zu werden. Also beschloß man, die Pferde vor einen Ackerwagen zu spannen, dahinter aber Spritze und Requisitenwagen zu hängen. Als dieses geschehen war, erschienen zwei Renner aus Fürstlichem Marstall, worauf man vorzog, die bürgerlichen Tiere ab- und die herrschaftlichen anzuspannen. Nun aber soll ein Detmolder wegen des wachsenden Straßenspektakels dem Wehrführer den guten Rat gegeben haben, die Stadt so schnell wie möglich zu verlassen, damit das Ganze nicht zur Lächerlichkeit wurde. Und wirklich, bald ging es los.
Wie man vernommen hat, wurden die Pferde unterwegs noch störrisch und gerieten mit Spritze und Requisitenwagen in einen Chausseegraben. Meinberg erreichte man noch gerade früh genug, um den letzten Balken fallen zu sehen. Also geschah es bei der ersten wirklichen Feuertaufe der Detmolder Wehr. (Jg. 1866, S. 187)

Detmold im April. Die Eltern und Angehörigen solcher junger Herren, die sich hier kürzere oder längere Zeit aufgehalten resp. ohne Stellung umhergetrieben haben, führen mitunter die bittersten Klagen über den Mangel an Solidität bei ihren werten Sprößlingen. Die Herren von der Polizei könnten sich ein größeres Verdienst erwerben, wenn sie mit Luchsaugen die Lokale überwachten, in denen die Herren Söhne bestimmter Familien fein leben, gut essen und trinken und — spielen. Es ist wohl ein Skandal, wenn Herren im Alter von kaum 20 Jahren Pulle über Pulle Champagner fordern, das Geld im Spiel förmlich verschleudern, am nächsten Morgen mit dicken Augen umherlaufen und eine horrende Anleihe zur Bezahlung der „Ehrenschulden" zu machen suchen. — Gewiß würde sich unsere Polizei den Dank mancher Eltern verdienen, wenn sie Zusammenkünfte in Gasthäusern bei verschlossenen Türen nicht duldete, alle Lokale überwachte, die betreffenden Wirte nachdrücklichst bestrafte und eventuell diese oder jene Bude schlösse. (Jg. 1875, S. 97)

Worüber sich die Detmolder erregten

Vor 1876 bestand in Detmold noch keine Tageszeitung, wenn man von dem amtlichen Regierungs- und Anzeigeblatt und einigen kurzlebigen Blättern absieht. Wollten Detmolds Einwohner ihrem Zorn Luft machen, richteten sie also ihre „Correspondenzen" an die „Sonntagspost" in Lemgo. Nur aus diesem Blatt erfahren wir heute, was den Detmoldern damals mißfiel. Hier eine kleine Auslese:

Dezember 1858. Es möchte nicht verkehrt sein, auf einen Umstand hinzuweisen, den man verhindern sollte. Wir meinen den abendlichen Unfug auf den Straßen unserer Stadt, hervorgerufen durch das rohe Treiben einiger jugendlicher Subjekte. Hauptsächlich junge Fabrikarbeiter, Laufburschen und Lehrlinge sind es, die bis in die späte Nacht hinein auf den Straßen ihrem rohen Treiben frönen. Unter Gleichgesinnten und im Vertrauen auf ihr großes, schamloses Maul beleidigen sie nicht selten Frauen und wagen es, ältere Leute laut und frech zu verhöhnen. Wehe demjenigen, der sich erlaubt, diese Burschen zu rügen oder zu tadeln. Natürlich versäumen jene Jugendlichen nicht, die Genüsse der Erwachsenen so viel wie möglich zu kosten. Sehr selten betritt man ein Wirtshaus, in dem sie nicht beim Lotto, Karten- oder Kegelspiel anzutreffen sind, wo sie mit vorlautem Wesen zu jedem dummen Witz johlen, im übrigen das große Wort führen und in der Vertilgung von Spirituosen den Erwachsenen nicht nachstehen.

Oktober 1866. Detmold hat mit Fortschritten in der Kultur mit gleichartigen Städten Schritt gehalten. Bei uns gibt es viele Gewerbebetriebe. Wir haben eine Feuerwehr, und ein ganzes Heer von Vereinen jeder Art entwickelt sich aus dem Residenzleben. Aber das, was nottut und womit uns selbst unbedeutende Orte überflügeln, haben wir leider noch nicht. Nämlich ein Dienstmann Institut. Eine solche Einrichtung wäre hier wahrlich erforderlich. Zwar fehlt es in der Stadt nicht an Arbeitskräften, wohl aber an Arbeitslust. Selbst in den unteren Schichten der Einwohner fühlt man sich von der Residenzsonne angehaucht und zu etwas Höherem berufen. Für einfache Arbeiten findet man hier keine Interessenten. Nirgends wird man in dieser Hinsicht mehr im Stich gelassen als gerade in Detmold.

3. März 1868. In voriger Woche soll in der Stadt ein sogenanntes Haberfeldtreiben abgehalten worden sein. Unbekannte Störenfriede haben nachts ihr Unwesen getrieben. Obstbäume wurden gefrevelt, Garteneinfriedigungen demoliert, Aushängeschilder, Warnungstafeln und Bänke abgenommen und vor fremde Türen gebracht. Unter anderem soll eine Tafel mit der Aufschrift „Hier soll kein Schutt abgeladen werden" vor eine Schule gehängt worden sein. Dergleichen Unsinn ist schon häufig vorgekommen, allein nicht in dem Ausmaß wie in diesem Fall.

August 1868. So freundlich sich unser Städtchen auch herausstaffiert hat, so findet man doch noch Stellen, wo eine Änderung vonnöten wäre. Wer z. B. über den Wall am Kanal entlang promeniert, wird gegenüber dem neuen Kirchhofe durch einen fatalen Modergeruch angewidert, der aus dem mit Morast, Schlamm und Kloakenabfällen gefüllten Graben aufsteigt und die ganze Umgebung verpestet. Der dort lagernde und seit Jahren angehäufte Schmutz und Schutt zieren wahrlich nicht eine öffentliche Promenade wie den Wall.

Juni 1870. In Detmold hat sich manches geändert, so auch im Kirchenbesuch. Früher war die Hauptkirche stets gefüllt. Doch die höheren Beamten wie überhaupt die vornehme Welt haben sich nach und nach zurückgezogen. Selbst die intelligenteren Bürger und der Kirchenvorstand sind mit den gegen ihren Willen eingeführten Neuerungen unzufrieden und halten sich zurück. Nur das Militär und die Seminaristen kann man noch in hergebrachter Weise an jedem Sonntag in der Kirche sehen. Sie aber werden hineinkommandiert!

September 1871. Die Cholera rückt heran, und allerorts versucht man der Gefahr zu begegnen. Nur in Detmold scheint man gar nicht an die Möglichkeit zu denken, daß der unheimliche Gast auch uns aufsuchen könnte. Leider haben wir aber etwas, das seit langen Jahren eine Quelle ekelhafter Ausdünstungen ist und zu einer mörderischen Brutstätte der Cholera werden kann: das ist der Burggraben.

Drei Zeitungen wurden um die Jahrhundertwende in Detmold hergestellt: das konservative „Lippische Volksblatt" (seit 1876), die liberale „Lippische Landes-Zeitung" (unter diesem Titel seit 1878) und die unparteiische „Lippische Tages-Zeitung" (seit 1896).

Von solchen Rechnungsbeträgen kann man nur noch träumen. Doch das Preis-Lohn-Verhältnis jener Zeit war eben völlig anders.

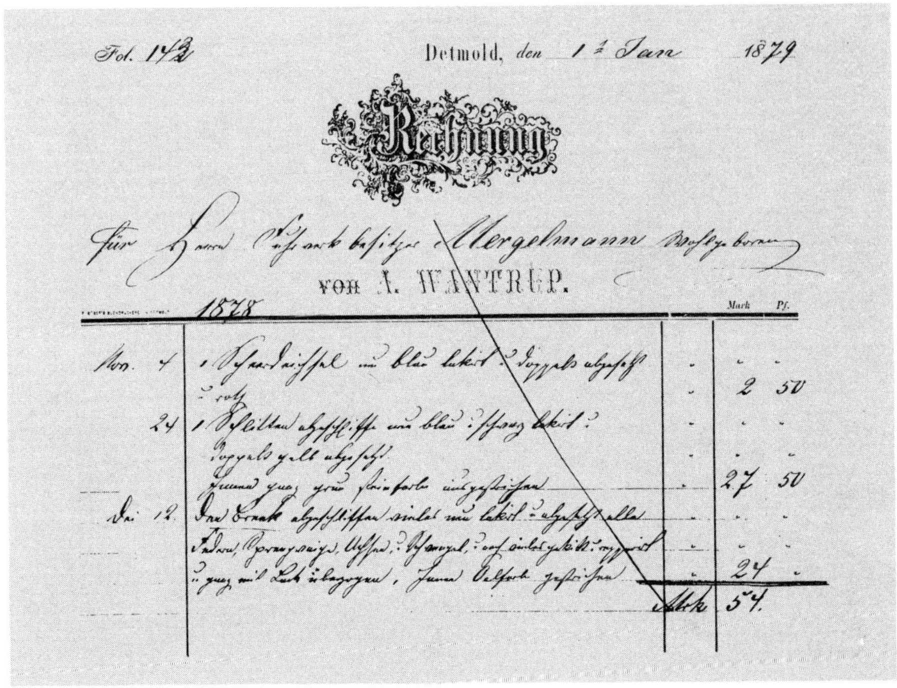

Fol. 142 Detmold, den 1st Jan 1879

Rechnung

für Herrn ... Mergelmann ...

von A. Wantrup.

1878

		Mark	Pf.
Nov. 4	...	2	50
24	...	27	50
Dez. 12	...	24	
	Mk	54.	

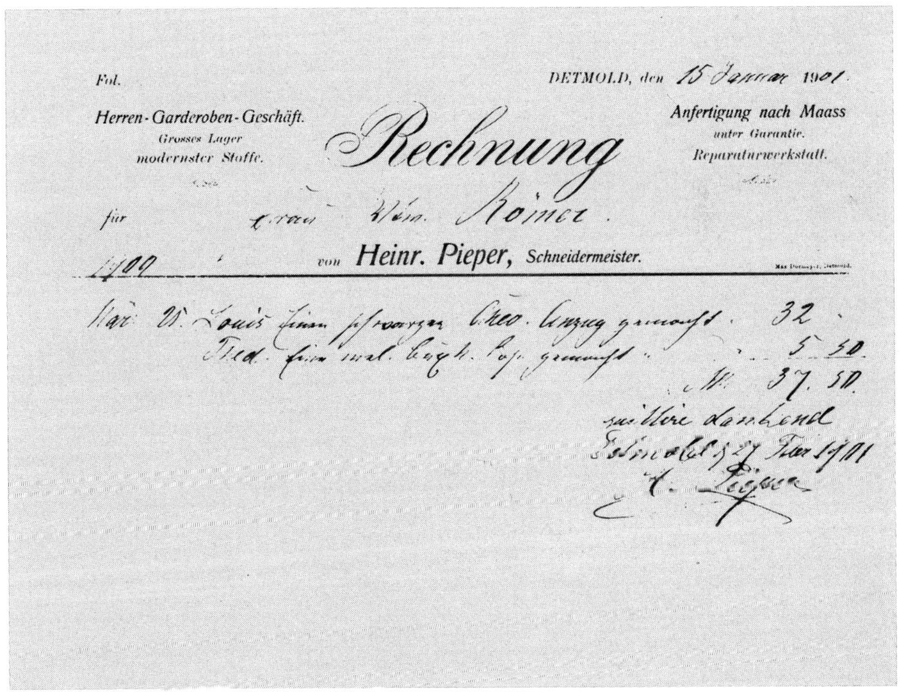

Fol. DETMOLD, den 15 Januar 1901.

Herren-Garderoben-Geschäft.
Grosses Lager
modernster Stoffe.

Rechnung

Anfertigung nach Maass
unter Garantie.
Reparaturwerkstatt.

für Frau Wwe. Römer.

1900 von Heinr. Pieper, Schneidermeister.

März 25.	Louis einen schwarzen Chev. Anzug gemacht	32.
	Fried. eine mel. Buckskin Hose gemacht	5 50.
	M.	37. 50.

quittiere dankend
Detmold, 27 Jan 1901
H. Pieper

Um 1900 pflegten Handwerker noch ihre Rechnungen jährlich auszustellen, hier z. B. über die Anfertigung eines Konfirmationsanzuges am 25. März 1900. Man konnte sich damals erlauben, den Betrag erst am 15. Januar 1901 in Rechnung zu stellen.
(Bei den Kleidungsstücken handelt es sich um einen Cheviot-Anzug und eine melierte Buckskin Hose.)

Um 1900 bestand die Belegschaft des Malermeisters Wantrup in der Schülerstraße aus fünf Mitarbeitern, die sich hier in ihrer Berufskleidung dem Fotografen gestellt haben.

Die Malerschule Willer in der Lageschen Straße. Um 1924. Vorn links (m. d. hellen Mütze): Malermeister Johann Willer; rechts daneben (mit dunkler Mütze): Malermeister Greß.

Gewerbeausstellung im Juli/ August 1881 auf dem Bruch. Der Platz befand sich auf dem Gelände, das heute etwa von der Bismarck-, Hermann-, Bahnhof- und Paulinenstraße begrenzt wird. Das Foto zeigt den Stand einer Brauerei. (Auf der Ausstellung waren an Brauereien vertreten: „Neuer Krug“, „Actienbierbrauerei“, „Falkenkrug“, „Brauerei Brake“ und „Brauerei Hanning“.)

Noch heute kann man das mehrfach umgebaute bzw. erweiterte Haus an der Ecke Schüler- zur Leopoldstraße (auf dieser Aufnahme um 1885) erkennen. Es stand damals rund 10 Jahre und war als Haus Piderit bekannt. Seit Anfang des Jahrhunderts ist es im Besitz des Malermeisters Wantrup und seiner Nachkommen.

C. Kirchhoff, Detmold

Oberestraße 34

◆ Landschaftsgärtner, Baumschulenbesitzer ◆

hält sich zur **Neuanlage von Gärten** bestens empfohlen.

Größte Auswahl in Coniferen und Obstbäumen,

sowie in **Ziersträuchern usw.**

Schuhwaren

von den einfachsten bis zu den elegantesten

empfiehlt in grosser Auswahl

C. Steinrück,

Inhaber

H. Beining

Detmold

Langestr. 31.

Detmold, Woldemarstrasse 5.

Telephonanschluss 32.

August Herbst

empfiehlt seine eleganten Wagen als: **Breaks,** bequem 10sitzig, **Landauer,** bequem 4- und 6sitzig, **Vis-à-vis** u. **Halbchaisen** zu mässigen Preisen.

Aus: Adreßbuch der Stadt Detmold, August 1904

Chr. Töberich

Handelsgärtnerei Lemgoerstr. 7.

Detmold

Samenhandlung Schülerstr. 4.

Blumenhandlung.

Anfertigung aller **Blumenbindereien** in moderner, geschmackvoller Ausführung.

Tafel-, Hochzeits-, Kirchen- und Trauer-Dekorationen.

Große Auswahl in Blumenkörben.

☞ Prompte Erledigung von Aufträgen nach Auswärts. ☜

Hinrichs'sche Hofbuchhandlung

(Hermann Knöner)

in **Detmold,** Ecke der Langen- und Exteritraße

Buch-, Kunst- und Musikalien-Handlung. . . . .

Papier und Schreibwaren-Geschäft.

Journallesezirkel u. Bücherleihanstalt.

Vertretung und Lager der **Geschäftsbücher-Fabrik J. C. König & Ebhardt, Hannover.**

Touristen-Artikel, Führer und Ansichten des Teutoburger Waldes.

Auskunftstelle des Teutoburger Wald-Vereins.

Telephon Nr. 21.

H. Oberschmidt, Detmold

Weinbergstrasse 13

empfiehlt den geehrten Herrschaften und Reisenden **seine bequem fahrenden**

Landauer, Breaks und Halbverdecks

zu Vergnügungs- nnd Reisetouren bestens.

Telegramm-Adresse: **Oberschmidt, Detmold.**

„Sanitas"

D. R. G. M.

Regulierbarer Reform-Stiefel.

Elegante Fussbekleidung.

Verhindert jede Druckempfindung, ist weiter und enger zu stellen. Alleiniger Hersteller:

Friedrich Meise, Meierstrasse.

☞ Reparaturen werden in kurzer Zeit sauber ausgeführt.

Aus: Adreßbuch der Stadt Detmold, August 1904

Tonbild-Theater

Langestr. 63 **Langestr. 63**

An das kunstliebende Publikum der Haupt- und Residenzstadt

Detmold und Umgegend!

Hiermit gestatte ich mir ganz ergebenst anzuzeigen, dass ich mit dem heutigen Tage, **abends 7 Uhr, hier, Langestr. 63,** ein

erstklassiges, ständiges

Theater

für singende, sprechende und lebende Photographien

eröffne.

Geleitet von künstlerischen Grundsätzen, wird es mein Bestreben sein, vom Besten das Beste auf dem Gebiete der Kinematographie in streng dezenten und abwechslungsreichen Vorführungen zu bringen.

Das Programm umfasst sämtliche Gebiete, welche bis heute für die Kinematographie zugänglich sind.

Jeden Montag und Donnerstag neues Programm.

Anfang wochentags 4 Uhr, Sonntags 3 Uhr nachm.

Preise der Plätze:

	Sperrsitz	I. Platz	II. Platz
Erwachsene:	60 Pfg.	40 Pfg.	25 Pfg.
Kinder:	„ 30 „	„ 20 „	„ 10 „

Eröffnungsprogramm

vom 8. bis 12. Mai 1909.

1. **Der Gaunerlehrling.** (Humoristisch).
2. **Schildkrötenfang auf Aldabra.** (Naturaufnahme)
3. Tonbild: **In diesen heiligen Hallen.** Arie aus der Oper: „Die Zauberflöte" von Mozart.
4. **Kalt gestellt.** (Humoristisch).
5. **Die Stunden.** (Interessant). Orchesterbegleitung: Ouverture zur Oper „Rosamunde" v. Schubert.
6. Tonbild: **Lehmann's Hochzeit.** (Humorist. Szene.)
7. **Die Lüge der Schwester Agnes.** (Drama)
8. Gesangs-Einlage: **„Ave Maria"** von Gounod. (Königl. Hofopernsängerin Emmy Destinn-Berlin).
9. **Die Minen u. Giessereien von Decazeville.** (Industriefilm).
10. Tonbild: **Cake walk.** (Tanz-Szene). 7:44
11. **Ein verhängnisvoller Schuss.** (Drama). Gespielt von ersten Künstlern der Comédie Française, Paris.

Sensationeller Riesenkunstfilm (315 Meter lang).

Aenderungen vorbehalten.

Am Piano: **Herr Kapellmeister Koch.**

Indem ich mich der angenehmen Hoffnung hingebe, dass mein Unternehmen bei der hiesigen hochgeehrten Einwohnerschaft Beifall findet, lade ich hiermit zu recht häufigem und zahlreichem Besuch ein.

Detmold, den 8. Mai 1909.

Mit vorzüglicher Hochachtung

Die Direktion.

E. Rempe.

Detmolds erstes Kino eröffnet.
Aus: Lipp. Landes-Zeitung, 1909, Nr. 107, vom 8. Mai 1909.

Im Frühjahr 1930 hatte der Klempnermeister Ludwig Köller in der Schülerstraße für das Hinterhaus Nr. 9 eine neue Wetterfahne geschaffen, mit der er sich zusammen mit seinen Mitarbeitern zur Erinnerung an dieses Ereignis aufnehmen ließ.
Die Personen sind: hinten von links: Gehilfe Karl Brink, Gehilfe Collier, Gehilfe Biere (30 Jahre in der Firma), Ludwig Köller mit seinem Enkelsohn Hans Potthoff; vorn von links: die Lehrlinge Fritz Schemmel (aus Sylbach) und Bernhard Ahlers.

Christian Niere und sein Pfingstochse[1]

Wer kannte um 1870 nicht den gewichtigen Hofmetzgermeister Christian Niere aus der Bruchstraße mit seinem rundlichen, verschmitzten Gesicht, stets zu einem Witz oder Scherzwort aufgelegt. Er wog fast 3½ Zentner, gehörte demnach also zu den gewichtigsten Persönlichkeiten in Detmold. Niere widmete einst seinem ungewöhnlich großen Pfingstochsen im Gewicht von etwa 20 Zentnern einige empfehlende Vers-Zeilen, die er nach eigener Bekundung selbst gemacht haben will:

1 Aus: Schierenberg, Carl: Aus vergangenen Tagen, Detmold 1927, S. 70 ff.

Meister und Gesellen der Schlachterei Steinmeier in der Lemgoer-Tor-Straße (jetzt Lange Straße) mit dem Pfingstochsen.

Mein Pfingstochse

Der Siebenhöfner Niederbracht
Hat einen Ochsen fett gemacht,
Im Preise von sechshundert Mark! –
Für einen Ochsen ist das stark! –
Die Stallmagd hat ihn treu bewacht,
Gehegt, gepflegt, bei Tag und Nacht.

Aus Dankbarkeit ward Peter fett,
Das war vom Ochsen wirklich nett!
Drum sah man auch, wie Niederbracht
Sich stillvergnügt ins Fäustchen lacht.
Der Ochs kam dann „an Freundes Hand
Vergnügt und froh ins bess're Land!"

Unterwegs fragt jeder nach dem Tiere:
„Den holt ihr wohl für Christian Niere?"
„Wer hat ihn denn so schwer gemacht?"
Die Antwort war stets: „Niederbracht!" –

Nachdem er Detmolds Straßen im Blumenschmuck passiert,
Ward er in allen Ehren in Niere's Haus geführt.
Hier kam er jedoch an den Rechten!
Herr Aaron Kahn der mußt ihn „schächten." –

Im Tode war der Ochs noch schön!
So'n Fleisch hat hier kein Mensch geseh'n!
Drum holt Euch einen Festtagsbraten!
Und kommet alle, klein und groß,
Dann werd' ich meinen Ochsen los.
Kauft alle von dem edlen Tiere
Bei dem Hofmetzger Christian Niere!

Einige Tage später brachte die Zeitung von den Stammtischgästen aus der „Kutscherstube" im Hotel Leistner folgende Antwortzeilen auf die warme Empfehlung des leckeren Festtagsbraten:

An Herrn Hofmetzgermeister Niere!

Ihre Reime sind ganz nett,
Und der Ochs ist wirklich fett.
Nun seien Sie aber kein Ungeheuer,
Und seien Sie mit dem Fleisch nicht teuer,
Damit auch der geringe Mann
Sich etwas daran laben kann.
Auch geben Sie nicht zuviel Knochen,
Das Fleisch läßt sich weit schneller kochen,
Erhöht die Festtagspoesie,
Und alle Leute loben Sie! –
Befolgen Sie treu unsern Rat,
Dann loben wir Sie früh und spat,
Und sprechen stets beim Biere:
„Das beste Fleisch hat wirklich Niere!"

Einmal hing Niere, wohl in dem Gefühl seiner Eigenschaft als Hofmetzgermeister eine ungewöhnlich große, sehr appetitlich aussehende „Lippische Mettwurst" ins Schaufenster mit einem Zettel daran:

„Was diese Wurst ist unter meinen Würsten,
Das ist unser Fürst unter allen Fürsten!"

Um die Jahrhundertwende wurde der Pfingstochse offenbar nicht mehr geschmückt wie noch zu Nieres Zeiten. Auch soll er damals bereits am Spieß gebraten worden sein.

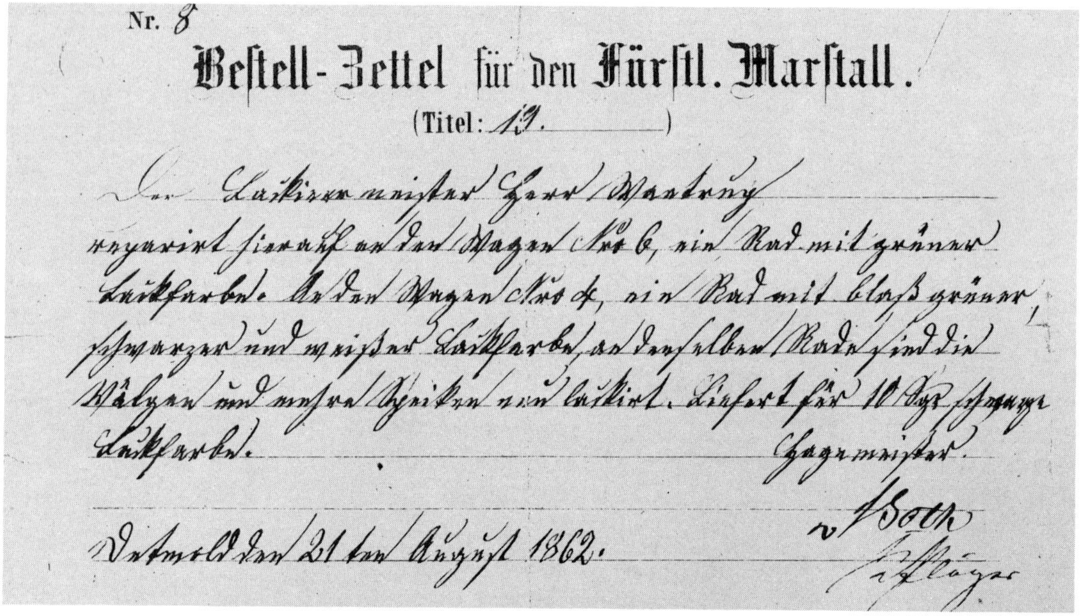

Nr. 8

Bestell-Zettel für den Fürstl. Marstall.

(Titel: 13.)

Der Lackierermeister Herr [illegible] reparirt hierauf an dem Wagen No 6, ein Rad mit grüner Lackfarbe. An dem Wagen No 4, ein Rad mit blaß grüner, schwarzer und weißer Lackfarbe, an demselben Rade sind die Walzen und ersten Speichen neu lackirt. Liefert für 10 Sgr schwarze Lackfarbe.

Wagenmeister.

[illegible]

Detmold den 21ten August 1862.

[illegible]

Nicht nur Hoflieferanten wurden bedacht, als es in Detmold noch gemütlich zuging. Ein Auftrag vom Fürstl. Hof war immer willkommen.

Um 1910 konnte Gärtnermeister Christian Töbrich seinen Kunden und Mitbürgern eine 90jährige Azalee in seinem Gewächshaus zeigen.

Bildnachweis

Nordrhein-Westfälisches Staatsarchiv Detmold: Seiten 14–18, 23, 26 oben, 30 rechts, 31, 36, 38, 40, 43 unten, 44 unten, 45 unten, 46, 51, 60, 63–65, 67–70, 72, 75 oben, 79, 85, 87, 95, 96 unten, 106, 115, 116 oben, 120, 122, 126, 137, 142 unten

Nordrhein-Westfälisches Staatsarchiv Detmold (Depositum Stadt-Archiv Detmold): Seiten 34 unten, 35 unten, 53–54, 61, 88 unten, 89 oben

Lippische Landesbibliothek Detmold: Seiten 19, 43 oben, 88 oben, 127–128

Institut für Lippische Landeskunde, Detmold: Seiten 21–22, 24–25, 30 links, 32 unten, 47, 50, 71, 74 unten, 75 unten, 76 oben, 117

Detmolder Turnverein von 1860 (Vereins-Archiv): Seiten 108, 112 oben, 113–114

Frau M. Brodthage, Detmold-Hiddesen: Seiten 7, 26 unten, 42 rechts, 45 oben, 48 links, 55, 58–59, 94, 101 oben

Frau E. Diekmann, Detmold: Seiten 52, 103, 135 oben, 136 oben, 142 oben

Frau I. Holle, Detmold: Seite 35 oben

Frau M. Klingenberg, Detmold: Seiten 42 links, 109, 110 unten, 111, 112 unten, 116 unten, 118 links, 123

Frau A. Winkelsesser, Detmold: Seiten 84, 99, 101 unten

Herr G. Bachler, Horn: Seiten 9, 13, 34 oben, 39 unten, 118 rechts, 136 unten

Herr L. Köller, Detmold: Seiten 27, 44 oben, 73, 74 oben, 76 unten, 131, 139 rechts

Herr H. Römer, Detmold: Seiten 100, 135 unten

Herr K. Vorwerk, Detmold: Seiten 66, 86

Herr G. Oberkrome, Detmold: Seite 96 oben

Herr H. Wewer, Detmold: Seiten 10 unten, 119, 121, 126 oben

Herr W. Tiemann, Detmold: Seiten 48 rechts, 49

Bearbeiter: Seiten 29, 32 oben, 90 unten, 98, 124, 126 unten, 140

Ludolph, K., Die Postgeschichte des Landes Lippe, Detmold 1928: Seite 20

Lippe-Detmold. Hrsg. vom Deutschen Städtetag und Magistrat Detmold, Berlin-Halensee 1924: Seite 81

Festschrift zum 34. Abgeordnetentage des Deutschen Kriegerbundes vom 22.–25. Juli 1911 in Detmold, [Detmold 1911]: Seiten 39 oben, 57

Fürstlich-Lippisches Regierungs- und Anzeigeblatt: Seiten 90–93, 102, 105, 107, 110 oben

Lippische Landes-Zeitung 1909: Seite 139 links

Lippisches Volksblatt 1880: Seite 77

Adreßbuch der Residenzstadt Detmold 1904: Seiten 56, 138

Sylbecke
Jerxerheide
von Lage
N
Lagesche Chaussee
Pinneichen
Südholz
Griemensiek
Lage'sche-Strasse
Klüter-Weg
Wehrenhag
Sophien-Strasse
Marien
Werrefluss
Land-Krankenhaus
Lage'sche-Strasse
Das Bruch
Orbkerweg
Orbker-Strasse
von Herford
Mühlenwiese
Bahnhof
Mühlengraben
Paulinen-Strasse
Theater
Theaterplatz
Sachsen-Strasse
Post
Bismarck-Strasse
Ressource
von Braunenbruch
Elisabeth-Strasse
Mühlenstrasse
Fürstliches Residenzschloss
Kaiser-Wilhelms-Platz
Kriegerdenkmal
Grabbe-Strasse
Ameide
Hermann-Strasse
Knochenbach
Kassen-Strasse
Bruch-Strasse
Gerichts-Strasse
Luisen-Strasse
Loge
Paulinen